Franz Wolkinger

Bäume und Sträucher Österreichs

Bäume und Sträucher Österreichs

Eine umfassende Beschreibung aller einheimischen wildwachsenden Nadel- und Laubgehölze sowie der wichtigsten Sträucher

von

Franz Wolkinger

austria medien service

Dieses Buch entstand auf Initiative der Firma „Saubermacher", Graz.

Die Deutsche-Bibliothek-CIP-Einheitsaufnahme
Wolkinger, Franz: Bäume und Sträucher Österreichs: Eine umfassende Beschreibung aller einheimischen wildwachsenden Nadel- und Laubgehölze sowie der wichtigsten Sträucher/Franz Wolkinger.-
Graz: Austria Medienservice, 1993

ISBN 3-7012-0015-7

Alte Poststraße 134
A-8020 Graz
Gedruckt auf Recyclingpapier und Recyclingkarton.
Druck: Klampfer & Schmerzeck, Bruck a. d. Mur
ISBN 3-7012-0015-7

Inhaltsverzeichnis

1. Baum und Strauch als Begleiter des Menschen

Die Bäume zählen zu den höchsten und langlebigsten Lebewesen der Erde. Der höchste lebende Baum auf der Erde ist ein Küsten-Mammutbaum *(Sequoia sempervirens)* in Kalifornien mit 112 Meter Höhe und über 4 Meter Durchmesser mit einem Alter von 1000 bis 1500 Jahren. Als ältester Baum galt lange eine Riesensequoie *(Sequoiadendron gigantea)* in der Sierra Nevada, der „General Sherman" mit 2500 bis 3000 Jahren, einer Höhe von über 85 Metern und einem Durchmesser von etwa 11 Metern. Noch älter wird – wie inzwischen bekannt wurde – die Borsten- oder Granenkiefer *(Pinus aristata)*, in den Gebirgen von Kalifornien, Colorado, Neumexiko und Arizona beheimatet, die nur bis 15 Meter hoch wird, jedoch ein Alter bis zu 5000 Jahren erreichen kann. Der berühmte Drachenbaum *(Dracaena draco)* in Icod de los Vinos auf Teneriffa mit über 8 Meter Umfang und einer Höhe von 17 Metern, oft auf 5000 Jahre geschätzt, ist hingegen nur zwischen 350 und 400 Jahre alt. In unseren Breiten werden Bäume im Durchschnitt 20 bis 30 Meter hoch; nur unter günstigen Bedingungen über 60 Meter. Es gibt allerdings zahlreiche Beispiele von Bäumen, deren Alter mit über 1000 Jahren angegeben wird und die oft als Naturdenkmale ausgewiesen sind. In der Oststeiermark, im Bezirk Fürstenfeld, in Bierbaum steht die „Kudlich-Eiche" mit über 7 Meter Umfang, eine Stieleiche, als älteste „Eiche Europas" bezeichnet, mit einem Alter von über 1000 Jahren. Auch Edelkastanien und sogar Linden und Rotbuchen können ein ähnlich hohes Alter erreichen. In Tosters in Vorarlberg (Gemeinde Feldkirch) wächst eine Eibe, die von St. Corneli, ein Naturdenkmal, das in den letzten Jahren saniert wurde und einen beachtlichen Umfang von 4 Metern hat. Eiben sind bekannt langsamwüchsig. Das Alter dieser Eibe muß daher weit über 1000 Jahre betragen. Als älteste Tanne Österreichs gilt eine Tanne im Urwald auf dem Lahnsattel (im niederösterreichisch-steirischen Grenzgebiet), die einen Stammumfang von 5 Metern, eine Höhe von 55 Metern und ein Alter von etwa 600 Jahren hat.

Im Wirtschaftswald sind sehr alte Bäume eine Ausnahme. Das Forstgesetz 1975 schützt die hiebsunreifen Bestände. Nach § 20 (3) sind hiebsunreife Hochwaldbestände von nicht raschwüchsigen Baumarten

a) Bäume in gleichaltrigen Beständen mit einem Alter von noch nicht 60 Jahren oder,

b) in ungleichaltrigen Beständen, Bäume mit einem Durchschnittsalter von noch nicht 60 Jahren, wenn mehr als die Hälfte der Anzahl

der Stämme des Bestandes ein Alter von 60 Jahren noch nicht erreicht hat.
Bäume wachsen zwar nicht in den Himmel, sie können jedoch, verglichen mit dem menschlichen Leben, ein bemerkenswertes Alter erreichen. Schon aus diesem Grunde, aber auch weil sich Bäume in Raum und Zeit ähnlich wie der Mensch entfalten, haben Bäume in der gesamten Menschheitsgeschichte immer wieder eine kultisch-religiöse Bedeutung besessen. Es sei nur an den „Baum der Erkenntnis" im Paradies, an den Kreuzesbaum der Erlösung, an die Weltenesche Yggdrasil der Germanen oder an den „Stammbaum", den Mai- und Richtbaum und an den Christbaum erinnert. Oft wurden die Namen von Bäumen und Sträuchern zur Benennung von Ortschaften und Fluren herangezogen.
Bäume und Sträucher bestimmen überall dort das Landschaftsbild, wo der Wald die naturgegebene Lebensgemeinschaft darstellt. Dies ist in Österreich bis in rund 2000 Meter Höhe, bis zur Waldgrenze, der Fall. Wo jedoch der Mensch den Wald durch seine Kulturen, durch Wiesen, Weiden, Felder oder in höheren Lagen durch Almen, ersetzt hat, wo der Wald zurückgedrängt wurde, wird die Architektur der Landschaft noch immer durch Baumgruppen, Flurgehölze, Hecken, Ufergehölze und Auenreste geprägt. Sobald sich der Mensch zurückzieht, beginnt sich wiederum der Wald seinen Lebensraum zurückzuerobern.
In den intensiv genutzten Agrar- und Produktionslandschaften des Alpenvorlandes und in den größeren Tälern sind Baum und Strauch weitgehend einer einseitigen und falsch verstandenen Rationalisierung geopfert worden. In diesen ausgeräumten Landschaften mußte das Flurgehölz durch Windschutzstreifen ersetzt werden.
In Stadt- und Siedlungsgebieten tragen Baum und Strauch zur Verbesserung der Lebensqualität dieser künstlichen und wüstenhaften Lebensräume bei. In immer stärkerem Maße werden schließlich Baum und Strauch in der Landschaftspflege als „lebendes Baummaterial" eingesetzt. Der Mensch ist auf die vielfältigen Wirkungen von Baum und Strauch angewiesen. Aus diesem Grunde befaßt sich der vorliegende Band hauptsächlich mit den Bäumen und Sträuchern unserer österreichischen Heimat.

2. Heimische Gehölze und ihre Benennung

Zahlreiche Bildbände und Bestimmungsbücher befassen sich mit Bäumen und Sträuchern. Meist werden jedoch einheimische und fremdländische Arten nebeneinander behandelt. Der vorliegende Band soll ein Plädoyer für jene Bäume und Sträucher sein, die in Österreich von Natur aus **wildwachsend** vorkommen und die bei uns **einheimisch** oder **bodenständig** (autochthon), also spontan beim Aufbau unserer Pflanzendecke beteiligt sind. Die fremdländischen Ziergehölze, die verstärkt seit dem vorigen Jahrhundert in unsere Gärten und Parkanlagen Eingang gefunden haben, bleiben wie die Nutzbäume unberücksichtigt. Angeführt werden nur jene fremdländischen Bäume, die im Anhang an das Forstgesetz 1975 für eine Aufforstung in Österreich in Frage kommen.
Bäume und Sträucher sind **mehrjährige Holzgewächse**, die ein sekundäres Dickenwachstum haben und die sich im Verzweigungssystem unterscheiden. **Bäume** haben einen Schaft oder Stamm, der sich in einer bestimmten Höhe zur Krone verzweigt. **Sträucher** hingegen sind vom Boden weg verzweigt. Durch die Nutzung können jedoch Bäume, wenn sie umgeschnitten oder „auf Stock" gesetzt werden, Stockausschläge bilden und einen strauchartigen oder niederwaldartigen Wuchs entwickeln. Wälder, die aus Stockausschlägen hervorgegangen sind, gelten als **Niederwälder. Hochwälder** gehen aus Samen hervor. Die einheimischen Nadelbäume, die niemals Stockausschläge bilden, bauen daher immer Hochwälder auf. Besteht ein Wald aus Stockausschlägen und Samenbeständen, so wird er als **Mittelwald** bezeichnet. Bei **Halbsträuchern** (z. B. Himbeere) sterben die Zweige nach ein oder zwei Jahren ab, und sie werden durch neue Zweige aus dem Wurzelstock ersetzt.
Die Halbsträucher und Zwergsträucher (wie z. B. die Besenheide, die Heidelbeere) und die Kleinsträucher, die niedrig bleiben und nur ungefähr 1,5 Meter hoch werden (z. B. Alpenrose, Seidelbast- und Ginster-Arten), werden in diesem Buch nicht näher beschrieben. Bei Gattungen, bei denen ebenso kleinere Vertreter vorkommen, wird auf sie hingewiesen.
Die **deutschen** Namen der Bäume und Sträucher richten sich nach dem gebräuchlichsten Namen, teilweise in Anlehnung an JANCHEN 1956–1960. Gelegentlich werden mehrere deutsche Namen angeführt. Zur eindeutigen Verständigung sind aber die **lateinischen** Namen notwendig, die aus der von EHRENDORFER 1973 herausgegebenen „Liste der Gefäßpflanzen Mitteleuropas" übernommen wurden. Die lateinischen Namen der fremdländischen Pflanzen richten sich nach KRÜSSMANN 1976, 1977, 1978 und

1983. Für manche Arten kommen gelegentlich mehrere lateinische Namen (Synonyme) vor, die in Klammern angegeben werden. Der lateinische Name besteht aus einem Gattungsnamen (z. B. *Fagus* für Buche, *Ulmus* für Ulme oder Rüster) und einer Art Beinamen (Art-Epitheton) z. B. *sylvatica* für die Rotbuche oder *minor* für die Feld-Ulme; erst beide Namen zusammen (Gattungsname + Art-Epitheton) ergeben den vollständigen lateinischen Art-Namen: z. B. *Fagus sylvatica* oder *Ulmus minor.* Hinter dem Art-Namen folgt, meist abgekürzt, der Autorenname, der Name jenes Forschers, von dem der lateinische Name stammt. So bedeuten *Fagus sylvatica L.*, daß LINNE, oder bei *Ulmus minor MILL.*, daß MILLER zuerst den lateinischen Namen verwendet hat. Kreuzungen (Bastarde oder Hybride) sind durch ein x gekennzeichnet. Die deutschen bzw. lateinischen Namen der pflanzlichen Schädlinge wurden aus BUTIN 1983, die der tierischen Schädlinge aus AMANN 1990, die Namen für die Gallen aus BEIDERBECK & KOEVOET 1979 und die Holz-Bautypen aus BRAUN 1970 entnommen.

Alle photographischen Aufnahmen wurden vom Verfasser auf Agfachrome-Filmen für Farbdias (CT 100), teils mit einer „NIKKORMAT“, mit einem „MICOR-NIKKOR-OBJEKTIV“ mit 55 mm und teils mit einer „MINOLTA 7000“ und einem 700-M-35–105-mm-Objektiv bzw. einem AF-MACRO-50-mm-Objektiv, aufgenommen.

Die Anordnung der Gehölze im Beschreibungsteil erfolgt alphabetisch nach dem deutschen Familiennamen. Innerhalb der Familien sind die Gattungen und Arten ebenfalls alphabetisch nach dem deutschen Namen angeordnet.

Die Abkürzung agg. (= aggregatum, Aggregat) bedeutet, daß unter dem lateinischen Namen zahlreiche Kleinformen zusammengefaßt sind (z. B. Rubus fruticosus agg.).

3. Österreich ist ein Waldland

Der Wald ist mehr als eine bloße Anhäufung von Bäumen; er ist eine organische Einheit und Ganzheit, ein Netzwerk aus Pflanzen, Tieren und Kleinstlebewesen, die untereinander und mit der unbelebten Umwelt, mit Wasser, Klima, Strahlung, Temperatur und Gestein, in enger Wechselwirkung steht. Nicht umsonst sprechen wir von einem Waldklima, von Waldpflanzen und Waldtieren und vom Wald als äußerst **komplexen Ökosystem**.
Seit der Eiszeit, seit etwa 12.000 Jahren, läßt sich die Waldentwicklung im Alpenraum zurückverfolgen. Seit dieser Zeit mußte sich der Wald mehrfach an geänderte Klimaverhältnisse anpassen.
Der Wald in Österreich hat viele Gesichter. In Abhängigkeit vom **Großklima** sind die Baum- und Strauchschicht und auch die Krautschicht je nach Höhenlage verschieden zusammengesetzt. Auf nassen und zu trockenen Standorten sieht das Waldbild wieder anders aus; anspruchslose Kiefernwälder gedeihen auf Trockenhängen und Auenwälder oder Auenwaldreste auf nassen Standorten. Von Natur aus waldfrei innerhalb der Waldstufe, also unter 2000 Metern, waren nur extrem nasse Flächen wie die Hochmoore oder sehr flachgründige Böden. Ansonsten ist Österreich, und das gilt ebenso für ganz Mitteleuropa, von Natur aus ein Waldland.
Bis in die Mitte des vorigen Jahrhunderts war der Wald der wichtigste Energielieferant. Die Holzkohle war die Grundlage für die Erzverhüttung, für die Glaserzeugung und das Salinenwesen. Erst als die Holzkohle von der Stein- und Braunkohle als Energieträger abgelöst wurde und als es im Forstgesetz von 1852 zu einer strengen Trennung zwischen Bergbau und Forstwirtschaft kam, konnten sich die Wälder wieder erholen, und es wurde eine geordnete Forstwirtschaft möglich. Die Umweltbelastungen und der drohende „Treibhauseffekt" haben dazu geführt, daß das Holz als Energiequelle wiederum stärker in den Mittelpunkt gerückt ist.

Urwälder im Sinne von ungenutzten Wäldern sind im Alpenraum eine Seltenheit. Der Schaffung von Naturwaldreservaten, gleichsam Urwäldern aus „zweiter Hand", kommt daher eine besondere Bedeutung zu. Bei den Naturwaldreservaten handelt es sich um Waldbestände, in denen ein Eigentümer freiwillig auf eine Bewirtschaftung verzichtet, um möglichst naturnahe Wälder zu erhalten. Wie in Deutschland soll auch in Österreich ein Netzwerk möglichst aller in Österreich vertretenen Waldtypen, natürlich in ausreichender Größe, als Naturwaldreservate ausgewiesen werden. Bisher wurde allerdings der Begriff nicht im Forstgesetz verankert.

Das Forstgesetz 1975 nimmt erstmalig auf die vielfältigen Wirkungen des Waldes Rücksicht. Im § 1 werden folgende Aufgaben des Waldes angeführt:

a) Nutzwirkung – das ist insbesondere die wirtschaftlich nachhaltige Hervorbringung des Rohstoffes aus Holz

b) Schutzwirkung – das ist insbesondere der Schutz vor Elementargefahren und schädigenden Umwelteinflüssen sowie die Erhaltung der Bodenkraft gegen Bodenabschwemmung und -verwehung, Geröllbildung und Hangrutschung

c) Wohlfahrtswirkung – das ist der Einfluß auf die Umwelt, und zwar insbesondere auf den Ausgleich des Klimas und des Wasserhaushaltes, auf die Reinigung und Erneuerung von Luft und Wasser und auf die Lärmminderung

d) Erholungswirkung – das ist insbesondere die Wirkung des Waldes als Erholungsraum auf die Waldbesucher

4. Der österreichische Wald in Zahlen

Die Übersicht basiert auf der Österreichischen Forstinventur 1981/85; sie gibt Auskunft über die Waldfläche in Österreich und in den einzelnen Bundesländern, über die Betriebsarten, die Baumverteilung, die Besitzverhältnisse, den Holzeinschlag und den Holzvorrat. Von Natur aus ist die Fichte der häufigste Baum in Österreich, gefolgt von Kiefer, Lärche und Tanne, wobei die **Fichte** zusätzlich von der Forstwirtschaft gefördert und nicht immer standortgerecht aufgeforstet wurde. Unter den **Laubbäumen** steht die Buche an erster Stelle, gefolgt von der Eiche. Insgesamt haben die Nadelbäume am österreichischen Wald einen Anteil von 75,4%, die Laubbäume hingegen nur einen von 20,3%. Auf die Sträucher und das Unterholz entfallen überhaupt nur 4,3%.
Hier sei noch darauf hingewiesen, daß wir in einer Zeit der Umkehr der Rodung leben, denn in Österreich werden jährlich mehr Flächen aufgeforstet, als zur Rodung im „öffentlichen Interesse" genehmigt werden. Allerdings werden dabei oft stadt- und siedlungsnahe Wälder gefällt und oft werden kleine Wiesentäler, Trockenstandorte und Grenzertragsböden aufgeforstet, die ökologisch wertvolle Biotope darstellen.

Betriebsarten und Besitzverhältnisse in ha[1])

	Gesamt	Kleinwald (–200 ha)	Betriebe (+200 ha)	ÖBF (Staatswald)
Ertragswald	3,338.749	1,873.358	1,020.154	445.237
Wirtschafts-/ Hochwald	2,939.246	1,727.937	843.326	367.983
Wirtsch.-/Aus-schlagswald	104.174	46.545	54.500	3.130
Schutzwald im Ertrag	295.329	98.877	122.328	74.124
Wald außer Ertrag[2])	518.589	177.733	203.371	137.485
Gesamt	**3,857.338**	**2,051.091**	**1,223.525**	**582.722**
Anteil in Prozent	100	53,2	31,7	15,1

Waldflächen und Vorrat der Bundesländer[1])

	Gesamtwald in ha	Bewaldungsprozent	Ertragswald in ha	Vorrat[3]) in 1000 Vfm
Burgenland	126.136	31,8	124.647	28.316
Kärnten	564.228	59,2	502.357	133.361
Niederösterr. u. Wien	743.714	38,0	713.910	188.219
Oberösterreich	486.635	40,6	440.430	130.448
Salzburg	352.204	49,2	273.744	80.422
Steiermark	986.824	60,2	870.717	255.408
Tirol	505.091	39,9	347.001	95.823
Vorarlberg	92.505	35,6	65.943	21.842

Baumartenverteilung im Ertragswald[1])[4])

	Prozent		Prozent
Nadelbäume	**75,4**	**Laubbäume**	**20,3**
Fichte	60,2	Buche	9,7
Tanne	2,7	Eiche	2,4
Lärche	4,7	Sonstige Harthölzer	4,7
Kiefer	6,4	Laubweichhölzer	3,5
Schwarzkiefer	0,7	**Sträucher und Unterholz**	**4,3**
Zirbe	0,6		
Sonstige Nadelbäume	0,1		

Größengruppen nach der Eigenwaldfläche

	Betriebe*)		Waldfläche	
	Anzahl	%	ha	%
bis unter 5 ha	153.111	67,2	285.260	8,9
5 bis 20 ha	57.415	25,2	546.045	17,0
20 bis 100 ha	14.490	6,4	541.074	16,8
100 bis 200 ha	1.437	0,6	196.340	6,1
200 bis 500 ha	737	0,3	230.229	7,2
über 500 ha	584	0,3	1,412.167	44,0
Gesamt	**227.774**	**100,0**	**3,211.115**	**100,0**

*) Betriebe ab einer Wirtschaftsfläche von 1,0 ha

[1]) Österreichische Forstinventur 1981/85
[2]) Ertraglose Flächen inkl. 446.123 Hektar Schutzwald außer Ertrag
[3]) Im Ertragswald
[4]) In % der bestockten Fläche im Ausschlagswald nach Massenanteilen

Holzeinschlag in 1.000 fm ohne Rinde

	1984	1985	1986	1987	1988	1989
Nutzholz	9.730	9.185	9.613	9.256	10.042	11.146
Starkholz	7.128	6.548	6.745	6.689	7.340	8.245
Schwach-holz	2.602	2.637	2.868	2.567	2.702	2.901
Laubholz	897	902	908	879	846	1.019
Nadelholz	8.833	8.283	8.705	8.377	9.196	10.127
Brennholz	2.381	2.441	2.518	2.504	2.734	2.676
Laubholz	1.146	1.191	1.256	1.255	1.398	1.362
Nadelholz	1.235	1.250	1.262	1.249	1.336	1.314
Gesamt-einschlag	**12.111**	**11.626**	**12.131**	**11.760**	**12.776**	**13.822**
Laubholz	2.043	2.093	2.164	2.134	2.245	2.380
Nadelholz	10.068	9.533	9.967	9.626	10.531	11.442
Schadholz	2.908	3.215	3.327	2.689	2.578	2.648

Holzvorrat (in 1.000 Vfm) und Hektarvorrat (Vfm)[5])

	Gesamt	**Kleinwald (–200 ha)**	**Betriebe (+200 ha)**	**ÖBF (Staatswald)**
Wirtschafts-wald	863.258	468.983	274.653	119.622
Festmeter je ha	286	267	307	322
Schutzwald im Ertrag	70.580	20.177	31.022	19.381
Festmeter je ha	241	206	256	262
Ertragswald	933.838	489.159	305.675	139.004
Festmeter je ha	282	264	301	313

[5]) Österreichische Forstinventur 1981/85

5. Inländische und fremdländische Holzgewächse nach dem Forstgesetz 1975

Im Forstgesetz 1975 werden im Anhang jene **einheimischen** (inländischen) und **fremdländischen** Nadel- und Laubgehölze aufgezählt, die für eine „inländische forstliche Nutzung" geeignet sind. Diese Holzgewächse werden hier weitgehend unverändert übernommen; nur bei den fremdländischen Gattungsnamen wurden rechts vom lateinischen Gattungsnamen zum allgemeinen Verständnis die deutschen Namen angefügt;

Holzgewächse gemäß § 1 Abs. 1 sind:

1. Nadelgehölze

Bergkiefer	*Pinus mugo*
Eibe	*Taxus baccata*
Fichte	*Picea abies*
Kiefer	*Pinus silvestris*
Lärche	*Larix decidua*
Schwarzkiefer	*Pinus nigra var. austriaca*
Tanne	*Abies alba*
Zirbelkiefer	*Pinus cembra*

und für die inländische forstliche Nutzung geeignete fremdländische bestandesbildende Arten der Gattungen

Tanne	*Abies*
Zeder	*Cedrus*
Scheinzypresse	*Chamaecyparis*
Lärche	*Larix*
Ur-Mammutbaum	*Metasequoia*
Fichte	*Picea*
Kiefer	*Pinus*
Douglasie	*Pseudotsuga*
Mammutbaum	*Sequoiadendron*
Thuje	*Thuja*
Hemlocktanne	*Tsuga*

2. Laubgehölze

Bergahorn	*Acer pseudoplatanus*
Bergulme	*Ulmus glabra*
Birke	*Betula pendula*
Schmalblättrige Esche	*Fraxinus angustifolia*
Eberesche	*Sorbus aucuparia*
Edelkastanie	*Castanea sativa*
Elsbeere	*Sorbus torminalis*
Esche	*Fraxinus excelsior*
Feldahorn	*Acer campestre*
Flaumhaarige Eiche	*Quercus pubescens*
Feldulme	*Ulmus minor*
Flatterulme	*Ulmus laevis*
Graupappel	*Populus canescens*
Grünerle	*Alnus viridis*
Hainbuche	*Carpinus betulus*
Hasel	*Corylus avellana*
Hopfenbuche	*Ostrya carpinifolia*
Mehlbeere	*Sorbus aria*
Moorbirke	*Betula pubescens*
Robinie	*Robinia pseudo-acacia*
Roßkastanie	*Aesculus hippocastanum*
Rotbuche	*Fagus silvatica*
Schwarzerle	*Alnus glutinosa*
Schwarzpappel	*Populus nigra*
Silberpappel	*Populus alba*
Sommerlinde	*Tilia platyphyllos*
Speierling	*Sorbus domestica*
Spitzahorn	*Acer platanoides*
Stieleiche	*Quercus robur*
Traubeneiche	*Quercus petraea*
Traubenkirsche	*Prunus padus*
Vogelkirsche	*Prunus avium*
Walnuß	*Juglans regia*
Weißerle	*Alnus incana*
Winterlinde	*Tilia cordata*
Zerreiche	*Quercus cerris*
Zitterpappel	*Populus tremula*

und für die forstliche Nutzung geeignete bestandesbildende Arten und Hybriden der Gattung

Pappel	*Populus*
Weide	*Salix*

und für die inländische forstliche Nutzung geeignete fremdländische bestandesbildende Arten der Gattungen

Ahorn	*Acer*
Götterbaum	*Ailanthus*
Birke	*Betula*
Ölweide	*Eleagnus (richtig: Elaeagnus)*
Esche	*Fraxinus*
Nuß	*Juglans*
Tulpenbaum	*Liriodendron*
Platane	*Platanus*
Pappel	*Populus*
Kirsche	*Prunus*
Eiche	*Quercus*

4. Der bedrohte Wald

Naturereignisse wie Schneebruch und Windwurf, Forstschädlinge, Befall durch die Eichenriemenmistel, Waldweide und Streunutzung, Wildschäden, Verletzungen bei der Holzernte, Luftschadstoffe, saurer Regen, Schwermetalle, erhöhte Ozonbelastung, Photooxydantien, Nachwirkungen von Tschernobyl und Wintersporteinrichtungen sind nur einige Hinweise auf die zahlreichen hausgemachten Ursachen, die am Waldsterben beteiligt sind. Die katastrophalen Folgen des Waldsterbens für den gesamten Alpenraum sind heute noch gar nicht in der vollen Tragweite abzuschätzen. Auf keinen Fall lassen sich die vielfältigen Wirkungen des Waldes in so großem Umfang durch technische Maßnahmen ersetzen. Hinzu kommt noch, daß sich durch den Treibhauseffekt, durch eine vermutliche Temperaturzunahme von 2 bis 3 Grad Celsius bis ins Jahr 2030, die Waldzusammensetzung und die Höhenstufenverteilung allmählich verändern werden.
Nach den österreichischen Richtlinien wird der jährliche Gesundheitszustand des Waldes an markierten Bäumen untersucht. Bei dieser als **Waldzustandsinventur** bezeichneten Methode wird in Österreich auf 2300 Beobachtungsflächen mit insgesamt 75.000 Probebäumen der Kronenzustand von Fichten, Föhren, Tannen, Buchen und Eichen verfolgt und nach dem Nadelzustand beurteilt. Durch Luftschadstoffe beeinträchtigte Bäume verlieren nämlich ihre Nadeln, beginnend mit den ältesten Nadeln zu den jüngsten und von unten nach oben. Mit 1 wird eine normale Benadelung bewertet, mit 2 eine schwache Verlichtung, mit 3 eine mittlere Verlichtung, mit 4 eine starke Verlichtung und mit 5 die abgestorbene Krone.
Durch das **Bioindikatornetz** werden seit 1985 in Österreich die akkumulierenden Schadstoffe erfaßt. Bei dieser Methode dienen Pflanzen als lebende Anzeiger (Bioindikatoren) von Schadstoffeinwirkungen. Als Indikator dient in Österreich der häufigste Baum, die Fichte, von der von 1500 Probeflächen Nadelproben chemisch auf akkumulierbare Schadstoffe untersucht werden. Auf diese Weise können der Schwefelgehalt, der Nährstoffzustand und die Einwirkungen verschiedener Schadstoffe festgestellt werden. Nur Ozon, das in einem Trockenjahr eine besondere Waldbedrohung darstellt, und die aggressiven Photooxydantien werden nicht in den Nadeln akkumuliert.
Nach den Ergebnissen aus der Waldschadensbeobachtung in Österreich, die vom Bundesministerium für Land- und Forstwirtschaft im März 1992 veröffentlicht wurde, wurden im Jahre 1991 bei 20% der

untersuchten Bäume Kronenverlichtungen verschiedener Grade festgestellt. **Keine** Kronenverlichtung wiesen 80% der beurteilten Probebäume, **schwache** Kronenverlichtung wurde bei 17,1% und **mittlere** bis **starke** Kronenverlichtung bei 2,9% der Probebäume festgestellt. Den schlechtesten Kronenzustand weist die **Eiche** gefolgt von der **Tanne** auf. Das Eichensterben hat im nördlichen Niederösterreich besonders verheerende Folgen, wo bereits 10% der Eichen abgestorben sind.

Nach den **chemischen** Nadelanalysen leidet der österreichische Wald nach wie vor großflächig unter Schwefelimmissionen. Die bisher höchste Anzahl von Grenzwertüberschreitungen der Schwefelgehalte wurde 1991 festgestellt, und zwar auf 22% der Grundnetzpunkte. Die wichtigsten Gebiete mit häufigen Grenzüberschreitungen der Schwefelimmissionen liegen in Oberösterreich im östlichen Mühlviertel, in Niederösterreich im Waldviertel sowie im Donautal und in Bereichen nördlich und südwestlich von Wien. Im Burgenland im Raum Eisenstadt – Mattersburg, in der Steiermark im Murtal (Aichfeld – Leoben), in der Weststeiermark und in Gebieten an der Staatsgrenze südlich von Leibnitz sowie in Unterkärnten.

Die **Waldbodenzustandsinventur** schließlich gibt Auskunft über die Belastungen der Waldböden in Österreich. Die Ergebnisse auf den 534 Bodenprobeflächen ergaben, daß bei 22% der österreichischen Waldböden die Pufferkapazität gering ist. Diese labilen Böden können durch Säurebelastung leicht instabil werden. 29% der untersuchten Waldböden sind gegen Säureeintrag weitgehend stabil, und 16% sind als indifferent einzustufen. Immerhin weisen 43% der Mineralböden sehr saure Werte (pH-Werte unter 3,8) auf. In diesem Bereich können bereits Säureschäden an Pflanzenwurzeln auftreten. Zu diesen Belastungen kommt in den Waldböden weiters eine hohe Bleibelastung hinzu.

Nach dem Forstgesetz 1975 kann der Bundesminister für Land- und Forstwirtschaft auf dem Verordnungswege gegen forstschädliche Emissionen einschreiten. In der zweiten Verordnung gegen forstschädliche Luftverunreinigungen aus dem Jahre 1984 wurden für einige Schadstoffe (Schwefeldioxid, Fluorwasserstoff, Chlorwasserstoff, Ammoniak und Staub) Immissionsgrenzwerte festgesetzt. Eine wirksame und rasch wirkende Möglichkeit, den Kohlendioxidausstoß zu reduzieren, besteht in einem verstärkten Einsatz von Biomasse und Sonnenenergie an Stelle von fossilen Energieträgern. Eine solche Reduktion kann allerdings nur über die Einführung einer Kohlendioxid-Steuer (CO_2-Steuer) rasch erreicht werden.

7. Mehr Hecken

Das Jahr 1992 wurde von der damaligen Frau Bundesminister Dkfm. RUTH FELDGRILL-ZANKEL zum Jahr der Hecken erklärt. In diesem Jahr sollte der Schutz der Hecken, eines der „wertvollsten Strukturelemente in unseren Kulturlandschaften", im Vordergrund stehen. Die Hecken sind seit dem Kriege teils ein Opfer von „Flurbereinigungen" geworden, die eigentlich zu Flurbereicherungen hätten führen sollen, oder sie sind durch eine „schleichende" Abholzung verschwunden.
Die mitteleuropäische Urlandschaft war weitgehend eine Waldlandschaft. Nur an lichten Stellen und ganz besonders an Waldrändern, im Übergangsbereich vom Licht zum Schatten, siedelten sich Gebüsche aus verschiedenen Sträuchern an. Hecken sind demnach nichts anderes als der vom einstigen Waldrand erhalten gebliebene Unterwuchs, der schon von unseren Vorfahren in der Jungsteinzeit als natürlicher Zaun belassen wurde und der zugleich dem Menschen Brennholz und eßbare Früchte lieferte. Bis ins vorige Jahrhundert wurden durch solche Gebüsche, Hecken und Baumgruppen die Grenzen zwischen Wald und Flur, zwischen Natur und Kultur, gemildert. Hecken und Flurgehölze gliederten die Täler, indem sie netzartig an den Feldrainen, Parzellengrenzen und Lesesteinhaufen erhalten blieben. Mit zunehmender Rationalisierung und Technisierung der Landwirtschaft wurden die Fluren von Baum und Strauch „bereinigt", sie wurden ausgeräumt, und zurück blieben einheitliche Produktionslandschaften. Je stärker die ökologische Ordnung durch technische Strukturen (Drahtzäune, Straßen, Autobahnen, Brücken, Bahntrassen, Stromleitungen, Bachkanäle usw.) ersetzt wurde, um so künstlicher, monotoner und artenärmer wurden alle Lebensräume.

Biologische Vielfalt der Hecken

In Hecken finden Pflanzen und Tiere auf engstem Raum ideale Lebensbedingungen. Grenzräume, in denen Temperatur, Feuchtigkeit, Licht und Schatten auf engstem Raum wechseln, weisen einen hohen biologischen Gradienten auf, so daß Bewohner des Waldes und des Freilandes nebeneinander vorkommen können. In botanischer Hinsicht können die Hecken verschieden zusammengesetzt sein.
Wenn man von den Weidengebüschen absieht, die bevorzugt im ufernahen Bereich, auf nassen Standorten gedeihen, so herrschen in

Mitteleuropa die Schlehengebüsche (aus der Ordnung der *Prunetalia spinosae*) vor. Auf besonders trockenen Standorten findet man das Felsenbirnengebüsch mit der Felsenbirne *(Amelanchier ovalis)*, der Gewöhnlichen Zwergmispel (*Cotoneaster integerrima*) und dem Wolligen Schneeball *(Viburnum lantana)*. Wärmeliebend und besonders auf Kalk verbreitet ist das Schlehen-Liguster-Gebüsch mit Schlehdorn *(Prunus spinosa)* und der Rainweide oder dem Liguster *(Ligustrum vulgare)*. Häufig auf Weiden anzutreffen ist das Berberitzengebüsch mit dem Sauerdorn oder der Berberitze *(Berberis vulgaris)*, die als Zwischenwirt des Getreiderostes *(Puccinia graminis)* in Getreideanbaugebieten nicht gerne gesehen wird. Allgemein bekannt ist weiters das Haselnußgebüsch, das vorwiegend von den Haselnußsträuchern *(Corylus avellana)* gebildet wird.

Zu diesen genannten Sträuchern gesellen sich in den natürlichen Hecken noch zahlreiche andere Arten. So gehören hierher die verschiedenen Brombeer- und Rosen-Arten, weiters die Waldrebe *(Clematis vitalba)*, der Rote Hartriegel *(Cornus sanguinea)*, in wärmeren Lagen auch die Kornelkirsche *(Cornus mas)*, der Weißdorn *(Crataegus monogyna)*, das Pfaffenkäppchen *(Euonymus europaea)*, der Hopfen *(Humulus lupulus)*, der Schwarze *(Sambucus nigra)* und in höheren Lagen der Rote Holunder *(Sambucus racemosa)*, der Kreuzdorn *(Rhamnus cathartica)*, der Gewöhnliche Schneeball *(Viburnum opulus)* u. a.

Diese Gebüsche zeigen vielfach einen ungeschichteten Aufbau. Bei Baumgruppen und Flurgehölzen hingegen tritt meist ein artenreicher Strauchunterwuchs auf. Charakteristisch für manche Gebiete sind außer den niedrigen Hecken auch Baumreihen wie z. B. in der Ramsau bei Schladming, die aus Bergahorn *(Acer pseudoplatanus)* und der Vogelbeere *(Sorbus aucuparia)* aufgebaut sind. In anderen Alpentälern (z. B. im Mölltal) wachsen in der Nähe von Gehöften Eschenbaumreihen, die regelmäßig geschneitelt (= geschnitten) werden. Das Laub der meisten zweijährigen Äste wird im Herbst und in den Wintermonaten an die Haustiere verfüttert.

Mit den Hecken vergesellschaftet sind weiters verschiedene krautreiche Säume, in denen viele wildwachsende Arten in der intensiv genutzten Agrarlandschaft oft eine letzte Zufluchtsstätte finden, so daß Hecken ebenso die Funktion von kleinräumigen biogenetischen Reservaten zu erfüllen vermögen.

Auch in zoologischer Hinsicht gelten die Hecken als mannigfaltige Lebensräume, die in den verschiedenen ökologischen Nischen einer charakteristischen Tierwelt Lebensmöglichkeiten bieten. So fand

TISCHLER in den norddeutschen Hecken, den sogenannten Knicks, rund 1200 Tierarten. In den Hecken finden vor allem zahlreiche Heckenbrüter wie Goldammer, Neuntöter, Dorngrasmücke u. a. ihre Nistplätze. In der Bundesrepublik wurde in Kleingehölzen sogar eine 3,5mal höhere Bestandesdichte an Vögeln ermittelt als in ähnlichen zusammengehörigen Wäldern. Hecken geben weiters Spähplätze für Würger und Greifvögel ab, für manche Arten dienen sie als Nahrungsspender. Hecken sind schattige Verstecke und Schlafplätze für Dämmerungstiere (Igel, Erdkröte, Eule), sie sind Lebensraum für Ameisen, Schmetterlinge, Schnecken, Reptilien und Säugetiere. So wurden in einer Heckenlandschaft bis zu 20 Säugetiere, in einer heckenlosen nur 5 Arten nachgewiesen.
Hecken bereichern somit unsere Landschaften und tragen zur biologischen Vielfalt bei, wobei zwischen den Bewohnern einer Hecke und dem angrenzenden Kulturland enge Nahrungsbeziehungen bestehen.

Bedeutung der Hecken für die Landwirtschaft

Von der biologischen Vielfalt einer Heckenlandschaft profitiert auch die Landwirtschaft, denn Hecken dienen nicht nur der optischen und ästhetischen Bereicherung, sie tragen vor allem zur biologischen Schädlingsbekämpfung bei. So wurde beobachtet, daß z. B. Feldmausplagen in heckenreichen Gebieten weitgehend fehlen, ebenso verteilen sich Saatkrähen in Heckenlandschaften, so daß sie weniger Schaden anrichten. Hecken haben zwar nicht mehr jene Nutzfunktion (Holz, Früchte) wie für unsere Vorfahren, sie erfüllen jedoch wichtige Schutzfunktionen, auf die eine gesunde Landwirtschaft nicht verzichten kann und auch nicht verzichten darf. Denn Hecken und Flurgehölze verbessern das Kleinklima, schützen vor Bodenabtrag (Erosion) die Felder, Bachufer, Hänge und Böschungen, filtern Staub und Abgase an den Straßen aus, gewähren Sicht- und Blendschutz, sind Unterstände und Äsungsquellen für das Wild und die Vogelwelt, sind für die Bienenweide als Pollen- und Nektarspender von Bedeutung.
Stellt man die Nachteile (Flächenverluste, Arbeitserschwernis, Wurzelkonkurrenz und Beschattung) den Vorteilen gegenüber, so bedeuten richtig angelegte Hecken immer einen Gewinn für die Landwirtschaft, der bisweilen sogar eine bis zu 25%ige Ertragssteigerung ausmachen kann.

Um einen wirksamen Windschutz zu erzielen, müssen allerdings fachgerechte Windschutzstreifen aus mindestens 2–3 Baumreihen mit einem Strauchunterwuchs angelegt werden. Solche Windschutzstreifen können eine Schutzwirkung erreichen, die über mehr als dem Zehnfachen der Hindernishöhe liegt.

Heckenschutz und Heckenpflege

Die noch vorhandenen Heckenlandschaften müssen einen ähnlichen wirksamen Schutz erhalten wie der Wald. Als ökologisch wertvolle Strukturelemente müßten sie zu geschützten Landschaftsteilen erklärt werden. Um ihren Bestand zu sichern, muß allerdings eine regelmäßige Heckenpflege hinzukommen. Früher wurden die Hecken alle 5–10 Jahre über dem Erdboden abgeschnitten, „auf den Stock gesetzt", weil die „Stauden gehackt" und als Brennholz genutzt wurden. Diese Pflege zur Verjüngung der Hecken ist auch in Zukunft notwendig. Besonders bei überalterten Baumreihen muß eine rechtzeitige Verjüngung eingeleitet werden. Das gilt ganz besonders für die bereits selten gewordenen Kopfweidenbüsche. Das Abbrennen von Hecken müßte generell verboten und nicht nur zeitlich eingeschränkt werden.
Bei allen Eingriffen in den Naturhaushalt, insbesondere bei Veränderungen in der agrarischen Struktur, bei „Flurbereinigungen" und „Flußregulierungen" ist für eine Erhaltung der bestehenden Hecken und Flurgehölze zu sorgen. Um einen wirksamen Biotopverbund zu erreichen, müssen rechtzeitig zusätzliche Flurgehölze, Windschutzstreifen und Hecken in Zusammenarbeit mit der betroffenen Landwirtschaft, mit Jägern, Fischern, Biologen, Ökologen und Naturschützern eingeplant und vorgesehen werden. Als Pflanzmaterial eignen sich alle einheimischen Bäume und Sträucher. Dabei kann man sich einfach an einem Waldrand oder an einer bestehenden Hecke orientieren. Auch in verbauten Gebieten sind artenreiche Hecken aus einheimischen Sträuchern schöner und dauerhafter als monotone Thujenhecken. Nadelhölzer eignen sich jedoch für Windschutzanlagen nicht; ebenso ist die Berberitze als Zwischenwirt des Getreiderostes nur vereinzelt und der giftige Liguster nur mit Vorbehalt einzusetzen. Weiters muß davor gewarnt werden, das Pflanzmaterial einfach im Wald auszugraben, da es in den seltensten Fällen gut anwächst. Bereits in der seinerzeitigen Reichs-Naturschutzverordnung waren das Verbot einer unbefugten Schmuckreisig-

entnahme sowie in § 14 ein Schutz der Hecken für die Zeit vom 15. März bis zum 30. September ausgesprochen worden. In den einzelnen Bundesländern ist der Schutz der Hecken in den geltenden Naturschutzgesetzen bzw. den Naturschutzverordnungen ebenfalls verankert. So sind in der **Steiermark** „zum Schutz des Lebensraumes der geschützten Tierarten" das Roden, Kahlschneiden, Abbrennen und die chemische Beseitigung der Flurgehölze (Hecken, Buschwerk u. dgl.) in der Zeit vom 15. März bis 15. Oktober und in einer Seehöhe von über 800 m in der Zeit vom 15. April bis 15. September verboten (Naturschutzverordnung § 6). In **Niederösterreich** sind die Hecken zwischen 1. März und 30. September geschützt. Für bestimmte Gebiete kann jedoch der Zeitraum auf 1. April bis 30. September verkürzt werden; vgl. § 10 (7). In **Kärnten** hat die „Landesregierung durch Verordnung festzulegen, in welchen Gebieten für welchen Zeitraum und in welchem Umfang
a) das Abbrennen, Schlägern, Roden, Beseitigen oder sonstige Zerstören von Buschwerk, Hecken, Röhricht-, Schilf- oder Trokkenrasenbeständen . . ." verboten sind (§ 17 a–c).
Nach dem **Wiener Naturschutzgesetz** ist ebenso wie im **Burgenländischen Naturschutzgesetz** das Abbrennen von Einzelgehölzen, Hecken und Buschwerk generell verboten, eine Forderung, die im **Jahr der Hecken** (1992) auch auf alle übrigen Bundesländer ausgedehnt werden sollte.
In **Vorarlberg** ist es außerhalb des bebauten Gebietes verboten, „Rohr- und Schilfbestände, Hecken, Gebüsch oder die Bodendekke" vom 31. Jänner bis 1. November abzubrennen und vom 15. März bis 30. September „Hecken oder lebende Zäune zu roden oder Rohr- oder Schilfbestände" zu beseitigen.

8. Rote Liste der gefährdeten Gehölze Österreichs

Schon vor einigen Jahren sind für die einzelnen Bundesländer Rote Listen der gefährdeten Pflanzen nach internationalen Richtlinien erarbeitet worden. Im Jahre 1986 hat NIKLFELD eine Rote Liste für alle Bundesländer herausgegeben. Daraus geht hervor, daß von den 2873 beurteilten Samenpflanzen (einschließlich Unterarten) in Österreich 53 Arten ausgerottet, ausgestorben oder verschollen (Stufe 0) sind, 858 Arten sind aktuell gefährdet (Stufen 1, 2 und 3) und 172 Arten potentiell gefährdet (Stufe 4): Insgesamt sind das 1081 Pflanzen oder 37,6 % des gesamten Pflanzenbestandes. Weitere etwa 297 Arten sind in mehreren Regionen erloschen oder aktuell gefährdet (Bezeichnungssymbol: -r).

Unter den gefährdeten Arten befinden sich nicht nur krautige Vertreter, sondern auch zahlreiche Holzgewächse, die nach NIKLFELD 1986 etwas verändert, entnommen und zusammengestellt wurden. Die Arten sind alphabetisch nach dem lateinischen Namen aufgezählt, der deutsche Name wurde in Klammern gesetzt. Vorangestellt wird die Gefährdungsstufe. Auf den Namen folgen rechts die Bundesländer, in denen die gefährdeten Arten vorkommen. Die Bundesländer werden mit ihren Großbuchstaben in alphabetischer Reihenfolge abgekürzt. Zuletzt folgen noch Hinweise auf Regionen stärkerer Gefährdung. Bei den Gefährdungsstufen bedeuten die Symbole:

0 – ausgerottet, ausgestorben oder verschollen
1 – vom Aussterben bedroht
2 – stark gefährdet
3 – gefährdet
4 – potentiell gefährdet
r! (nach Stufen 1, 2, 3, oder 4) regional stärker gefährdet; die angegebene Gefährdungsstufe gilt für Österreich insgesamt, in bestimmten Regionen besteht aber eine noch stärkere Gefährdung.

Abkürzungen:

B – Burgenland	S – Salzburg
K – Kärnten	St – Steiermark
N – Niederösterreich	T – Tirol
O – Oberösterreich	V – Vorarlberg

? hinter dem Bundesland – unsicher
\+ hinter dem Bundesland – ausgerottet, ausgestorben oder verschollen

Alp – Alpengebiet
( ) – nur sekundär, nicht heimisch
* – unsicher, ob heimisch oder nur sekundär verbreitet

sAlp – Südalpen
wAlp – westliche Alpenländer: Vorarlberg, Tirol, Teile von Salzburg
BM – nördliches Gneis- und Granitgebiet: Böhmische Masse
KB – Kärntner Beckenlandschaften
Pann – Pannonisches Gebiet: östliches Niederösterreich mit Wien, nördliches Burgenland
Rh – Rheintal mit Bodenseegebiet und Walgau
nVL – Vorland nördlich der Alpen
söVL – Vorland südöstlich der Alpen: Grazer Bucht, Hügelländer im südlichen und mittleren Burgenland

Vergleicht man diese Zusammenstellung mit der Übersicht über die geschützten Gehölze, so zeigt sich, daß die Anzahl jener Arten, die in der Roten Liste aufscheinen, bedeutend größer ist als die nach dem Naturschutzgesetz geschützten Arten.
So sind in Österreich verschiedene Baumarten wie z. B. die gegen Rauchgas-, Klimaextreme und Wildverbiß empfindliche **Tanne**, aber **regional** ebenso Feld-Ahorn, Schwarzerle, Moor-Birke, Spitzblättrige Esche, Manna-Esche, Schwarz- und Silber-Pappel, Flaumeiche und Linden gefährdet. Unter den Sträuchern befinden sich Eibe, Strauch- und Zwergbirke, Blasen- und Perückenstrauch, Kirschen-Arten, zahlreiche Rosen-, Mehlbeer- und Weiden-Arten und viele andere.
Ein wirksamer Schutz der gefährdeten Gehölze kann nur durch einen umfassenden Lebensraumschutz erreicht werden.
In der Roten Liste der gefährdeten Holzgewächse wurden auch die gefährdeten Kleinsträucher berücksichtigt.

Rote Liste der in Österreich gefährdeten Holzgewächse

2	*Abies alba* (Tanne)	V	T	S	K	St	O	N	B	
–r	*Acer campestre* (Feld-Ahorn)	V	T	S	K	St	O	N	B	r: wAlp
2	*Acer tataricum* (Tartarischer Ahorn)							N	B	
–r	*Alnus glutinosa* (Schwarzerle)	V	T	S	K	St	O	N	B	r: Alp
3	*Andromeda polifolia* (Rosmarinheide)	V	T	S	K	St	O	N		
2r!	*Betula humilis* (Strauch-Birke)	V?		S+	K	St	O+			r!: nVL
2	*Betula nana* (Zwerg-Birke)	V	T	S	K	St	O	N		
3	*Betula pubescens* (Moor-Birke)	V	T	S	K	St	O	N	B	
3	*Buxus sempervirens* (Buchsbaum)	(V)	(T)	S		(St)	O			
3	*Chamaecytisus austriacus* (Österreichischer Geißklee)				O?	N	B			
–r	*Chamaecytisus ratisbonensis* (Seidenhaar. Geißklee)		K?		O	N	B			r: nVL
–r	*Chamaecytisus supinus* (Kopf-Geißklee)		S	K	St	O	N	B		r: nVL
3	*Colutea arborescens* (Blasenstrauch)	V +	T					N	B	
3r!	*Cotinus coggygria* (Perückenstrauch)		(T)			St		N		r!: söVL
2	*Crataegus curvisepala* (Krummkelchiger Weißdorn)							N		
–r	*Crataegus laevigata* (Zweigriffeliger Weißdorn)	V	T	S	K	St	O	N	B	r: wAlp
2	*Crataegus lindmanii* (Langkelchiger Weißdorn)	V			K			N		
2	*Cytisus procumbens* (Liegender Geißklee)							N	B	
4	*Daphne alpina* (Berg-Seidelbast)				K					
–r	*Daphne cneorum* (Flaumiges Steinröserl)		T ?		K	St	O	N	B	r: söVL, Pann
–r	*Daphne laureola* (Lorbeer-Seidelbast)				K	St	O	N		r: sAlp
–r	*Euonymus verrucosa* (Warzen-Spindelstrauch)		T		K		O+	N	B	r: sAlp, KB, BM, nVL
4	*Fraxinus angustifolia* (Spitzblättrige Esche)							N	B	

–r	*Fraxinus ornus* (Manna-Esche)		T		K	St		N	B	r: Pann, söVL
4	*Genista radiata* (Kugelginster)				K					
4r!	*Hippophae rhamnoides* (Sanddorn)	V	T	S	K	(St)	O	N		r!: nVL, Pann
3+!	*Ilex aquifolium* (Stechpalme)	V	T	S		St	O	N	B	r!: öAlp
–r	*Juniperus communis* (Gew. Wacholder)	V	T	S	K	St	O	N	B	r: Rh, n+söVL, Pann
2	*Krascheninnikovia ceratoides* (Hornmelde)							N		
2r	*Ledum palustre* (Sumpf-Porst)					St	O+	N		r!: Alp
3	*Lonicera caprifolium* (Echtes Geißblatt)		T			St		N	B	
0	*Lonicera periclymenum* (Deutsches Geißblatt)	V+								
2r!	*Myricaria germanica* (Deutsche Tamariske)	V+	T	S	K	St	O	N+		r!: Rh, nVL, Pann
4	*Philadelphus coronarius* (Pfeifenstrauch)	(V)				St	O	(N)		
4	*Pinus rotundata* (Moor-Föhre)	V	T	S	K	St	O	N		
-r	*Populus alba* (Silber-Pappel)	V	T	S	K	St	O	N	B	r: Alp
-r	*Populus nigra* (Schwarz-Pappel)	V	T	S	K	St	O	N	B	r: Alp
3	*Prunus eminens* (Mittlere Weichsel)							N	B	
3	Prunus fruticosa (Zwerg-Weichsel)					St		N	B	
-r	*Prunus mahaleb* (Stein-Weichsel)	(V)	T	(S)		(St)	O	N	B	r: wAlp, nVL
2	*Prunus tenella* (Zwerg-Mandel)							N	B	
2	*Pyrus nivalis* (Schneebirne)				K	St	O	N	B	
0	*Quercus dalechampii* (Dalechamp's Eiche)								B+	
-r	*Quercus pubescens* (Flaumeiche)		T	K		St		N	B	r: wAlp
2	*Rhododendron luteum* (Gelbe Alpenrose)			K		(St)		(N)		
3	*Ribes spicatum* (Ährige Johannisbeere)	V						N		

3	*Rosa abietina* (Tannen-Rose)	V	T	K						
3	*Rosa agrestis* (Feld-Rose)	V	T	S	K	St	O	N	B	
4	*Rosa andegavensis* (Anjou-Rose)					St		N	B	
3	*Rosa blondaeana* (Glanz-Rose)		T				O		B	
4	*Rosa caryophyllacea* (Nelken-Rose)								B	
3	*Rosa deseglisei* (Desegliseis-Rose)		T						B	
2	*Rosa elliptica* (Keilblättrige Rose)		T	S	K	St	O+	N	B	
3	*Rosa gallica* (Essig-Rose)			S+	K	St	O+	N	B	
4	*Rosa glauca* (Rotblättrige Rose)	V	T	S	K	St	O	N		
2	*Rosa jundzillii* (Rauhblättrige Rose)	V			K	St	O+	N	B	
3	*Rosa majalis* (Zimt-Rose)	V	T	S	(K)	(St)	O+	N		
–r	*Rosa micrantha* (Kleinblütige Rose)	V+	T	S	K	St	O	N	B	r: Rh
3	*Rosa montana* (Berg-Rose)			S	K	St		N		
2	*Rosa obtusifolia* (Flaum-Rose)	V	T	S	K	St	O	N	B	
–r	*Rosa pimpinellifolia* (Bibernell-Rose)	V+		S	K	St	O+	N	B	r: Alp, nVL
3	*Rosa rhaetica* (Rhätische Rose)		T							
2	*Rosa sherardii* (Samt-Rose)		T					N		
3	*Rosa squarrosa* (Sparrige Rose)								B	
–r	*Salix aurita* (Ohr-Weide)	V	T	S	K	St	O	N	B	r: wAlp, nVL
2	*Salix bicolor* (Zweifarbige Weide)			S						
2	*Salix caesia* (Blau-Weide)		T							
–r	*Salix daphnoides* (Reif-Weide)	V	T	S	K	St	O	N		r: n+söVL
4	*Salix foetida* (Ruch-Weide)		T							

4	*Salix glaucosericea* (Seiden-Weide)		T		K					
4	*Salix hegetschweileri* (Hochtal-Weide)	V	T							
1	*Salix myrtilloides* (Heidelbeer-Weide)			S			0?			
2	*Salix pentandra* (Lorbeer-Weide)		T	S			O	N	B	
3r!	*Salix repens* (Kriech-Weide)	V	T	S	K	St	O	N	B	r!: wAlp, söVL, Pann
–r	*Salix triandra* (Mandel-Weide)	V	T	S	K	St	O	N	B	r: RhL, Pann
3	*Sorbus austriaca* (Österreichische Mehlbeere)				K	St	O	N	B	
3	*Sorbus carpatica* (Karpaten-Mehlbeere)						O	N		
4	*Sorbus danubialis* (Donau-Mehlbeere)							N		
3	*Sorbus domestica* (Speierling)	(V)				(St)		(N)	B	
4	*Sorbus graeca* (Griechische Mehlbeere)		T					N	B	
4	*Sorbus latifolia agg.* (Breitblättrige Mehlbeere)						O	N		
3	*Sorbus mougeotii* (Vogesen-Mehlbeere)	V								
4	*Spiraea chamaedryfolia* (Ulmen-Spierstrauch)	(V)			K					
4	*Spiraea media* (Karpaten-Spierstrauch)					St		N	B	
3	*Spiraea salicifolia* (Weiden-Spierstrauch)	(V)			K	St	O	N		
–r	*Staphylea pinnata* (Pimpernuß)	V		S	K	St	O	N	B	r: KB, söVL
3	*Taxus baccata* (Eibe)	V	T	S	K	St	O	N	B	
–r	*Tilia cordata* (Winterlinde)	V	T	S	K	St	O	N	B	r: wAlp
–r	*Tilia platyphyllos* (Sommer-Linde)	V	T	S	K	St	O	N	B	r: wAlp
2	*Vaccinium microcarpum* (Kleinfrüchtige Moosbeere)	V	T	S	K	St		N		
3	*Vaccinium oxycoccus* (Gew. Moosbeere)	V	T	S	K	St	O	N		
3r!	*Vaccinium uliginosum s, str,* (Moor-Rauschbeere)	V	T	S	K	St	O	N		r!: Alp
2	*Vitis vinifera subsp. sylvestris* (Wilde Weinrebe)							N		

9. Geschützte Bäume und Sträucher

Der Schutz von Pflanzen und Tieren ist in den Naturschutzgesetzen bzw. den Naturschutzverordnungen der einzelnen Bundesländer ziemlich einheitlich geregelt. Der Wald unterliegt zwar dem bundesweit geltenden Forstgesetz, trotzdem ist in den Naturschutzverordnungen der einzelnen Bundesländer auch der Schutz von Bäumen ausgesprochen. Über den Inhalt des Artenschutzes, wie er im Steiermärkischen Naturschutzgesetz 1976 enthalten ist, soll folgender Auszug kurz informieren:

„§ 13

Schutz der Pflanzen- und Tierwelt

(1) Wildwachsende Pflanzen und von Natur aus freilebende und nicht der Jagdausübung unterliegende Tiere, für die eine Gefährdung oder Vernichtung ihres Vorkommens zu befürchten ist und für die ein Schutzbedürfnis besteht, können durch Verordnung der Landesregierung vollkommen oder, wenn es für die Erhaltung der Art ausreicht, teil- oder zeitweise geschützt werden.

(2) Der vollkommene Schutz von Pflanzen bezieht sich auf ihre ober- und unterirdischen Teile. Sie dürfen nicht beschädigt, vernichtet oder entnommen, in frischem oder getrocknetem Zustand anderen überlassen, erworben, verwahrt, befördert, gehandelt oder verarbeitet werden; ferner darf nichts unternommen werden, was ihre Lebensbedingungen gefährden, verändern oder zerstören könnte.

(3) Der teilweise Schutz von Pflanzen erstreckt sich auf

a) die am Boden aufliegenden Blattrosetten und die unterirdischen Teile, wofür dieselben Schutzbestimmungen wie in Abs 2 gelten;

b) das Verbot des Handels mit bestimmten Pflanzen oder Pflanzenteilen.

(5) Ausnahmen von den Schutzbestimmungen nach Abs. 2 bis 4 kann die Landesregierung auf Antrag im Einzelfall mit Zustimmung des Grundeigentümers (Verfügungsberechtigten) und bei Tieren nach Anhörung der Steirischen Jägerschaft für bestimmte Flächen bei reichlichem Vorkommen und gesichertem Weiterbestand

a) aus wissenschaftlichen oder Zuchtgründen,

b) zur Hintanhaltung von Schäden,
c) aus gerechtfertigten wirtschaftlichen Gründen bewilligen.

(6) Wer gezüchtete Pflanzen oder Tiere geschützter Arten (deren Teile oder Entwicklungsformen) mit sich führt, verarbeitet, zu Handelszwecken anbietet oder verwahrt, hat deren Herkunft auf Aufforderung den in den §§ 26 und 28 angeführten Organen (Anmerkung: Naturschutzbeauftragte, Polizei und Gendarmerie) nachzuweisen.

(7) Die mutwillige Beschädigung, die übermäßige über einen Handstrauß hinausgehende Ent- oder Mitnahme von nicht durch Verordnung nach Abs. 1 geschützten wildwachsenden Pflanzen oder Pflanzenteilen ist untersagt.

(8) Ausnahmen vom Verbot der übermäßigen Ent- oder Mitnahme nach Abs. 7 kann die für den Standort zuständige Gemeinde mit Zustimmung des Grundeigentümers (Verfügungsberechtigten) bewilligen, wenn der Pflanzenbestand nicht gefährdet ist.

(9) Das Aussetzen gebiets- oder landfremder Pflanzen und Tiere in die freie Natur ist nur mit Bewilligung der Landesregierung gestattet. Die Bewilligung ist zu erteilen, wenn eine Gefährdung der vorhandenen Pflanzen- und Tierwelt oder eine Störung des ökologischen Gleichgewichtes nicht zu erwarten ist.

(10) Die land-, forst-, jagd- und fischereiwirtschaftliche Nutzung wird durch Verordnungen nach Abs. 1 nicht berührt."

Im Oberösterreichischen Naturschutzgesetz wird ausdrücklich darauf hingewiesen, daß beim Pflanzenschutz auch auf die „Bedürfnisse der Bienenzucht" Rücksicht zu nehmen ist (vgl. § 20 [3]).

Nach der Salzburger Naturschutzverordnung ist eine Entnahme einzelner Pflanzenteile von geschützten Arten „zu Viehheilzwecken durch den Besitzer oder Hüter des erkrankten Viehs sowie die Entnahme für Zwecke der besonders charakteristischen örtlichen Brauchtumspflege" erlaubt (vgl. § 4 [b]).

Bäume können nicht nur durch das **Naturschutzgesetz** zu Naturdenkmälern erklärt und unter Schutz gestellt werden, sondern auch durch eigene **Baumschutzgesetze**. Ein solches Baumschutzgesetz hat die Stadt Wien.

Das Steiermärkische Baumschutzgesetz von 1989 ermächtigt die **Gemeinden**, daß sie durch Verordnung den Baumbestand der ganzen Gemeinde oder nur Teile eines Gemeindegebietes unter

Schutz stellen. Durch das komplizierte Verfahren, das vor allem kleinere Gemeinden überfordert, hat bisher erwartungsgemäß nur die Stadt Graz im Jahre 1990 eine Baumschutzverordnung erlassen. Nach dieser Baumschutzverordnung sind im Stadtgebiet von Graz alle Laub- und Nadelbäume mit einem Stammumfang von mindestens 50 cm (in 1 m Höhe) und alle kleineren Bäume (wie z. B. Weißdorn-Arten, Mehlbeere, Vogelbeere) mit einem Umfang von 25 cm unter Schutz. Während Obstbäume in Graz nicht geschützt sind, genießen Nußbäume, Edelkastanien und der bei uns kaum verbreitete Speierling *(Sorbus domestica)* einen generellen Schutz. Vom Schutz ausgenommen sind laut Baumschutzgesetz die Wälder, die dem Forstgesetz unterliegen, die Bäume in Gärtnereien, Baumschulen, auf Dachgärten und Friedhöfen. Fällungen und alle sonstigen Eingriffe, die den Baumbestand gefährden, sind beim Magistrat anzuzeigen. Verboten ist ebenso das Verstümmeln der Bäume (Krüppelschnitt). Bei einer genehmigten Fällung ist ein Ersatzbaum zu pflanzen oder eine Ausgleichsabgabe zu entrichten. Leider läßt die Vollziehung dieser Baumschutzverordnung sehr zu wünschen übrig. Im novellierten Salzburger Naturschutzgesetz 1992 wird der Gemeinderat der Stadt Salzburg ermächtigt, für die Stadt Salzburg eine Baumschutzverordnung zu erlassen, die inzwischen in Kraft getreten ist.

Verzeichnis der in Österreich **vollkommen** (v) oder **teilweise** (t) geschützten Bäume und Sträucher; zusammengestellt nach den Naturschutzverordnungen: Burgenland 1977 (B), Kärnten 1989 (K), Niederösterreich 1980 (NÖ), Oberösterreich 1982 (OÖ), Salzburg 1979 (S), Steiermark 1987 (St), Tirol 1975 (T), Vorarlberg 1988 (V), Wien 1985 (W):

Name der geschützten Art:	Bundesland: B	K	NÖ	OÖ	S	St	T	V	W
Alpenrebe (*Clematis alpina*)						t	t	v	
Gelbe Alpenrose (*Rhododendron luteum*)		v							
Schnee-Birne (*Pyrus nivalis*)		v							
Birken (*Betula-Arten*)							t[10]		
Strauch-Birke (*Betula humilis*)		v				v			
Zwerg-Birke (*Betula ana*)		v	v		v	v			
Buchsbaum (*Buxus sempervirens*)				v					
Eibe (*Taxus baccata*)	t	t[2]	v	v	t	t	v	t[13]	
Erlen							t[10]		
Felsenbirne (*Amelanchier ovalis*)		t[2]	t[5]						t
Alpen-Goldregen (*Laburnum alpinum*)		t[2]							
Grünerle (*Alnus viridis*)				t			t[10]		
Haselnuß (*Corylus avellana*)							t[10]		
Hopfenbuche (*Ostrya carpinifolia*)							v		

	B	K	NÖ	OÖ	S	St	T	V	W
Wilde Kirschen (*Prunus-Arten*)							t[1,13]		
Legföhre, Latsche (*Pinus mugo*)		t[2]		t					
Aufrechte Legföhre, Spirke (*Pinus rotundata*)		t[2]		t					
Zwerg-Mandel (*Prunus tenella*)	v		v						v
Manna-Esche (*Fraxinus ornus*)							v		
Mehlbeeren (*Sorbus-Arten*)								t[1,13]	
Perückenstrauch (*Cotinus coggygria*)						v			
Pfeifenstrauch (*Philadelphus coronarius*)						v			
Pimpernuß (*Staphylea pinnata*)		t[2]						t[13]	
Bibernell-Rose (*Rosa pimpinelifolia*)									t
Wildrosen (*Rosa-Arten*)								t[1,13]	
Flaum-Rose (*Rosa obtusifolia*)		v							
Keilblatt-Rose (*Rosa elliptica*)		v							
Rauhblatt-Rose (*Rosa jundzillii*)		v							
Sanddorn (*Hippophae rhamnoides*)		t	t[5]				t[11]		t

	B	K	NÖ	OÖ	S	St	T	V	W
Gewöhnlicher Spindelstrauch (*Euonymus europaea*)				v[1)]				t[1,13)]	
Breitblatt-Spindelstrauch (*Euonymus latifolia*)		t[2)]		v[1)]					
Warzen-Spindelstrauch (*Euonymus verrucosa*)		t[2)]		v					
Stechpalme (*Ilex aquifolium*)		v		v	v		v	v[13)]	t
Filzige Steinmispel (*Cotoneaster tomentosus*)		t[2)]			t				
Gewöhnliche Steinmispel (*Cotoneaster integerrimus*)		t[2)]				t			
Deutsche Tamariske (*Tamarix germanica*)		v				v			
Gewöhnlicher Wacholder (*Juniperus communis subsp. communis*)	t	t	t[5)]	t[1)]		t[8)]		t[1,13)]	t
Stink-Wacholder (*Juniperus sabina*)		v			t	v			
Zwerg-Wacholder (*Juniperus communis subsp. alpina*)						t[8)]			
Weiden-Arten (*Salix-Arten*)	t[1)]		t[6)]	t[14)]	t[7)]	v,t[10)]	t[10)]	t[13)]	
Myrten-Weide (*Salix alpina*)		v[4)]				v[10)]			
Blau-Weide (*Salix caesia*)								v	
Reif-Weide (*Salix daphnoides*)		t[3)]							
Sal-Weide (*Salix capria*)		t[3)]							

	B	K	NÖ	OÖ	S	St	T	V	W
Wilde Weinrebe (*Vitis vinifera subsp.sylvestris*)									v
Krummkelchiger Weißdorn (*Crataegus curvisepala*)		t[2]							
Langkelchiger Weißdorn (*Crataegus lindmanii*)		v							
Zweigriffeliger Weißdorn (*Crataegus laevigata*)		t[2]							
Zirbe (*Pinus cembra*)		t[2]	t				t[12]	v	

[1]) Alle Arten.
[2]) Entnahme von je drei Stück Zweigen bis zu einer Länge von 50 cm gestattet.
[3]) Nur in der Zeit vom 1. Februar bis 30. April eines jeden Jahres geschützt; sonst wie 2).
[4]) Weiters sind vollkommen geschützt: *S. glabra, S. herbacea, S. breviserrata, S. reticulata,* S. *waldsteiniana,* S. *serpillifolia,* S. *helvetica,* S. *glaucosericea,* S. *hastata,* S. *retusa,* S. *mielichhoferi,* S. *repens.*
[5]) Entnahme von höchstens 50 cm langen Zweigen, aber nicht mehr als 5 Stück einer Art.
[6]) Alle Arten vom 1. Jänner bis 31. Mai; sonst wie [5]).
[7]) Alle Arten sind vom 1. Februar bis 30. April eines jeden Jahres teilweise geschützt; die Gewinnung von Stecklingen ist jedoch zulässig.
[8]) Mit Ausnahme der Beeren.
[9]) Schweizer Weide *(Salix helvetica)* und alle alpinen Strauchweiden sind vollkommen geschützt, die übrigen sind teilweise geschützt, und zwar in der Zeit vom 1. Februar bis 30. April.
[10]) Es ist verboten, vom 1. Dezember bis zum 30. Mai von Weiden *(Salix)*, Birken *(Betula)*, Erlen *(Alnus)* oder vom Haselstrauch *(Corylus)* mehr als fünf, jedoch höchstens 50 cm lange Zweige zu entnehmen oder zu befördern.
[11]) Äste von über 50 cm Länge zu entnehmen oder zu befördern ist verboten.
[12]) Mehr als einen Handstrauß Zirbenzweige zu entnehmen oder zu befördern ist verboten.
[13]) Nur ein Handstrauß darf gepflückt, abgeschnitten, abgerissen oder befördert werden; alle Weiden sind teilweise geschützt; solange sie Kätzchen tragen.
[14]) Alle Arten. – Im ganzen Landesgebiet dürfen zwei Wochen vor Ostern Zweige der Salweide *(Salix caprea)* zum Zweck des Eigenbedarfs einmal in solcher Menge gesammelt werden, wie von Daumen und Zeigefinger beider Hände umschlossen werden können (§ 3).

10. Bäume und Sträucher als Trachtpflanzen

Die Insekten und ganz besonders die Bienen sind wichtige Bestäuber vieler Blütenpflanzen. Als Gegenleistung erhalten die Bienen von den Pflanzen Pollen, Nektar und Honigtau. Eine Zusammenstellung aus MAURIZIO & GRAFL 1965 soll eine Übersicht über jene einheimischen Gehölze geben, die als Bienenweide von Bedeutung sind:

Die Zahlen bedeuten
Nektartracht:
1 – gering, 2 – mittel, 3 – gut, 4 – sehr gut
Pollentracht:
1 – gering, 2 – mittel, 3 – gut, 4 – sehr gut
Honigtautracht:
+ – Honigtau vorhanden und von den Bienen ausgebeutet

Name der Tracht-Pflanzen:	**Bedeutung als Trachtpflanzen**		
Frühtracht:	**Nektar**	**Pollen**	**Honigtau**
Ahorn-Arten			
Berg-Ahorn *(Acer pseudoplatanus)*	4	2	+
Feldahorn *(Acer campestre)*	2	1	+
Spitz-Ahorn *(Acer platanoides)*	3	2	+
Brombeeren *(Rubus-Arten)*	3	3	–
Birken *(Betula-Arten)*	–	2	+
Rot-Buche *(Fagus sylvatica)*	–	3	+
Eberesche, Vogelbeere *(Sorbus aucuparia)*	2	2	–
Eichen *(Quercus-Arten)*	–	3	+
Grau-Erle *(Alnus incana)*	–	3	+
Schwarz-Erle *(Alnus glutinosa)*	–	3	+
Esche *(Fraxinus excelsior)*	–	2	+
Roter Hartriegel *(Cornus sanguinea)*	2	1	–
Haselnuß *(Corylus avellana)*	–	2	+
Kornelkirsche *(Cornus mas)*	3	2	–
Kreuzdorn *(Rhamnus catharticus)*	2	1	–

Manna-Esche *(Fraxinus ornus)*	1	3	–
Zitter-Pappel u. a. *(Populus-Arten)*	–	3	+
Schlehdorn *(Prunus spinosa)*	2	3	–
Stachelbeere *(Ribes uva-crispa)*	3	2	–
Traubenkirsche *(Prunus padus)*	2	2	–
Ulmen *(Ulmus-Arten)*	–	3	+
Weiden *(Salix-Arten)*	4	4	–
Sommertracht:			
Edelkastanie *(Castanea sativa)*	4	3	+
Fichte *(Picea abies)*	–	2	+
Faulbaum *(Frangula alnus)*	3	2	–
Liguster *(Ligustrum vulgare)*	2	1	–
Latsche, Legföhre *(Pinus mugo)*	–	2	+
Rotföhre, Schwarzkiefer *(Pinus sylvestris u. P. nigra)*	–	2	+
Linden:			
Sommerlinde *(Tilia platyphyllos)*	3	1	+
Winterlinde *(Tilia cordata)*	3	1	+
Waldrebe *(Clematis vitalba)*	–	2	–
Zirbelkiefer *(Pinus cembra)*	–	1	+
Spättracht:			
Efeu *(Hedera helix)*	3	1	–

11. Giftige einheimische Gehölze

In Mitteleuropa gibt es etwa 50 Pflanzenfamilien, darunter einige Gehölze, die teilweise oder in allen Pflanzenteilen Giftstoffe enthalten. Die Giftstoffe können allerdings auf den Menschen je nach Gesundheitszustand und Alter verschieden wirken. Außerdem kommen immer wieder Formen und Rassen vor, in denen die Inhaltsstoffe stark schwanken. Die schwach giftigen Pflanzen (+) rufen oft nur bei empfindlichen Personen Beschwerden und Reizungen hervor. Am stärksten durch giftige Gewächse gefährdet sind meist Kinder, vor allem Kleinkinder.
Auskünfte bei Vergiftungsverdacht erteilt die
Vergiftungsinformationszentrale für Österreich
an der 1. Med. Univ.-Klinik in Wien,
9., Spitalgasse 23,
Tel. 0 2 2 2/43 43 43.

Die Liste der **giftigen** Gehölze, einschließlich der einheimischen Zwerg- und Kleinsträucher, wurde in Anlehnung an ROTH 1984 (Hg.) erstellt. Der Gefährlichkeitsgrad wird in 4 Stufen angegeben:

(+)	ungiftig bis kaum oder schwach giftig
+	giftig
++	stark giftig; kann zu schweren Vergiftungen führen
+++	sehr stark giftig; schon geringe Mengen können lebensgefährlich werden

Pflanzenname (lateinischer Name)	Giftige Pflanzenteile	Gefährlichkeitsgrad
Alpenrebe *(Clematis alpina)*	alle Pflanzenteile	+
Alpenrosen *(Rhododendron-Arten)*	Blüten, Blätter	++
Berberitze *(Berberis vulgaris)*	ganze Pflanze, bes. Wurzel; Beeren ungiftig	(+)
Besenginster *(Cytisus scoparius)*	alle Pflanzenteile	+
Blasenstrauch *(Colutea arborescens)*	Samen, Blätter	+
Buchsbaum *(Buxus sempervirens)*	Blätter, Früchte	++
Efeu *(Hedera helix)*	Blätter, schwarze Beeren, bes. Fruchtfleisch	+
Eibe *(Taxus baccata)*	alle Pflanzenteile, bes. die Nadeln; der rote Samenmantel ist ungiftig	++
Faulbaum, Pulverholz *(Frangula alnus)*	Rinde, Beeren, Blätter	+
Deutscher Ginster *(Genista germanica)*	alle Pflanzenteile	+

Färbeginster *(Genista tinctoria)*	alle Pflanzenteile	+
Goldregen *(Laburnum anagyroids u. L. alpinum)*	Hülsen und Samen	+++
Heckenkirschen *(Lonicera-Arten)*	rote und schwarze Beeren	+
Heidelbeere *(Vaccinium myrtillus)*	Blätter	(+)
Roter Holunder *(Sambucus racemosa)*	Blätter, unreife Früchte, frische Rinde	(+)
Schwarzer Holunder *(Sambucus nigra)*	Blätter, unreife Früchte, frische Rinde; Blüten u. reife Früchte eßbar	(+)
Krähenbeere *(Empetrum hermaphroditum)*	Beeren werden im Norden gegessen	(+)
Kreuzdorn *(Rhamnus catharticus)*	unreife Beeren und Rinde	+
Liguster, Rainweide *(Ligustrum vulgare)*	Rinde, Blätter, Beeren	+
Perückenstrauch *(Cotinus coggygria)*	ganze Pflanze	(+)
Rauschbeere *(Vaccinium uliginosum)*	Beeren	+
Rosmarinheide, Gränke *(Andromeda polifolia)*	Blätter, Blüten	++
Rotbuche *(Fagus sylvatica)*	Bucheckern	(+)
Schneeball-Arten *(Viburnum opulus, V. lantana)*	Blätter, Rinde (Beeren?)	+
Seidelbast-Arten *(Daphne-Arten)*	alle Pflanzenteile	+++
Spindelstrauch-Arten *(Euonymus-Arten)*	alle Pflanzenteile, bes. die Früchte	++
Stechpalme *(Ilex aquifolium)*	Beeren, Blätter	++
Steinmispel-Arten *(Cotoneaster-Arten)*	ganze Pflanze, bes. die Beeren	(+)
Sumpfporst *(Ledum palustre)*	alle Pflanzenteile	+
Traubenkirsche *(Prunus padus)*	ganze Pflanze, bes. Blätter, Rinde, Samen	+
Vogelbeere, Eberesche *(Sorbus aucuparia)*	Beeren, gekocht genieß-bar	(+)
Gewöhnlicher Wacholder *(Juniperus communis)*	* Juniperus-Präparate in d. Schwangerschaft meiden	(+)
Stinkwacholder, Sade-baum *(Juniperus sabina)*	alle Pflanzenteile, bes. die Triebspitzen	+++
Waldrebe *(Clematis vitalba)*	alle Pflanzenteile	+

* ätherische Öle in allen Pflanzenteilen

12. Beschreibung der wichtigsten Merkmale

Nadelhölzer

Der Pflanzenkörper der **Samenpflanzen** läßt sich trotz aller Vielfalt und den mannigfachen Anpassungen auf drei Grundorgane zurückführen, und zwar auf Wurzel, Sproß (oder Stamm) und Blatt.

Bei den Nadelgehölzen sind – wie schon der Name andeutet – nur Holzgewächse, Bäume und Sträucher vertreten, krautige Arten fehlen gänzlich. Die Nadelhölzer gehören zu den **Nacktsamern** (Gymnospermen). Ihre Samenanlagen sind nicht in einem Fruchtknoten eingeschlossen, sondern liegen frei auf Samenschuppen, so daß der Wind den Blütenstaub direkt zur Samenanlage bringen kann. Eine Narbe ist daher überflüssig, Nektarbildung ebenso.

Die männlichen **Blüten** sind kätzchenartig , die weiblichen Blüten in Zapfen angeordnet. Eine Blütenhülle fehlt weitgehend. Die Pollenproduktion ist wie bei allen Windblütlern sehr hoch. Der Pollen der Fichte, der Kiefern und der Tanne ist mit zwei Luftsäcken versehen. Die Blüten sind bei allen Nadelhölzern **eingeschlechtig.** Da ein Fruchtknoten fehlt, bilden Nadelgehölze niemals Früchte, sondern stets nur Samen.

Die **Laubblätter** sind bei den einheimischen Arten nadel- bis schuppenförmig und mit Ausnahme der Lärche **immergrün**. Sie zeigen einen xeromorphen Bau, der sie befähigt, trockene oder kalte Jahreszeiten gut zu überdauern. Nadelwälder sind vor allem in kühlen und halbtrockenen Gebieten der Erde verbreitet. In den Nadeln, auch im Holz und in der Rinde vieler Nadelhölzer kommen Harzkanäle und Harzgänge vor. Die Lärche hat vielnadelige Kurztriebe, die Kiefer zweinadelige, bei der Zirbe kommen fünfnadelige Kurztriebe neben Langtrieben vor. Die Zahl der **Keimblätter** beträgt 5 bis 10, bei der Eibe und den Zypressengewächsen sowie bei den Laubgehölzen 2. **Holz** und **Bast** sind bei den Nadelgehölzen einfacher gebaut. Das Teilungsgewebe, ein Kambiumring, gibt Zellen ab, die nach innen zum Holzkörper und nach außen zum Bast werden. Der Bast, in dem die in den Blättern gebildeten Assimilate von oben nach unten geleitet werden, besteht bei den Nadelgehölzen nur aus Siebzellen.

Der viel mächtigere wasserleitende Holzteil, der **Splint**, besteht aus langgestreckten, verholzten und toten, mit Querwänden versehenen Tracheiden. Im Frühjahr werden zur Wasserleitung großlumige Tracheiden angelegt, die gegen den Herbst immer dickwandiger werden und dann hauptsächlich der Festigung dienen. Im Winter findet kein Wachstum statt, so daß, durch diesen Wachstumsrhyth-

mus bedingt, im Quer- oder Hirnschnitt schon mit freiem Auge die jährlichen Zuwachsringe oder **Jahresringe** zu beobachten sind. In radialer Längsrichtung wird der Holzkörper, vergleichbar mit den Speichen eines Rades, von schmalen **Holzstrahlen** durchzogen, die der Nährstoffversorgung des Holzkörpers dienen. Gelegentlich treten in axialer Richtung lebende Zellen in Form von Strängen (= Strangparenchym) auf. Da alle Nadelhölzer einen ziemlich einheitlichen Holzaufbau besitzen, werden sie zu einem einzigen Holzbau-Typ, dem **Nadelholz oder Gymnospermen-Typ**, zusammengefaßt.
Als **Kernholz** wird der nicht mehr wasserleitende innere Teil des Holzes bezeichnet, der durch Einlagerung von Farb- und Gerbstoffen oft anders gefärbt ist als der leitende Splintteil. Typisches Kernholz haben z. B. Zirbe, Lärche, Kiefer, Eiche, Edelkastanie u. a. Besteht zwischen dem inneren abgestorbenen und äußeren wasserleitenden Holzkörper kein farblicher Unterschied, so spricht man von **Reifholz** (z. B. Fichtenholz). Durch Pilzbefall kann es zur Bildung eines sogenannten **Falschkernes** kommen; es tritt dann ebenfalls eine farbliche Veränderung im Holz auf, die jedoch meist ganz unregelmäßig verläuft.
Den Abschluß eines jungen Sprosses nach außen bildet bei Nadel- und Laubgehölzen die Oberhaut oder Epidermis, die mit zunehmendem Dickenwachstum durch eine verkorkte Rinde oder Periderm und bei älteren Bäumen durch eine oft abblätternde **Borke** ersetzt werden kann. Zum Gasaustausch zwischen dem Holz und der Außenwelt sind **Rindenporen** oder Lentizellen vorhanden, die bei Nadelbäumen kaum auffallen, bei vielen Laubbäumen jedoch gut zu erkennen sind. Einige Bäume bleiben zeitlebens „Rindenbäume"; sie haben keine Borke, so daß sie sich zum Einschnitzen von „Nachrichten" gut eignen (z. B. Rotbuche). Die Anzahl der Nadelgehölze wird auf etwa 600 Arten geschätzt, die sich aber nur auf 7 Familien und 54 Gattungen verteilen. In der einheimischen Flora sind nur 3 Familien mit 12 Arten vertreten.

Laubhölzer

Die Anzahl der Laubgehölze ist, verglichen mit den Nadelgehölzen, bedeutend umfangreicher. Insgesamt werden 93 Laubgehölze aus 28 Familien beschrieben. Sie sind auch entsprechend vielgestaltiger gebaut. Es können daher nur die wichtigsten Merkmale, die für die Beschreibung der Gehölze herangezogen wurden, kurz charakterisiert werden.

Alle Laubgehölze sind **Bedecktsamer** (Angiosperme), deren Samenanlagen in einem Fruchtknoten eingeschlossen sind, der mit einer Narbe als Auffangorgan für den Pollen versehen ist. Die Bestäubung, die der Befruchtung vorangeht, erfolgt durch den Wind oder durch Insekten. Die Samen keimen mit zwei **Keimblättern** (Dikotyledoneae). Den einkeimblättrigen Pflanzen (Monokotyledoneae) fehlt ein typisches sekundäres Dickenwachstum, das die Laubgehölze mit den Nadelgehölzen gemeinsam haben.

Der Bast der Laubgehölze zeigt eine Differenzierung in Siebröhren und Geleitzellen.

Das Holz der Laubgehölze hat eine größere Strukturvielfalt, so daß eine bessere Wasserversorgung gewährleistet ist. Es ist auf den ersten Blick im Mikroskop durch die größeren, wasserleitenden, querwandlosen toten **Gefäße** oder Tracheen vom Nadelholz zu unterscheiden. Diese Gefäße können bei manchen Hölzern großlumig im Frühholz (zyklopores Holz) oder kleinlumig über den ganzen Jahresring (mikropores Holz) verteilt sein. Am Aufbau des Laubholzes können weiters **Holzfasern** oder Libriformfasern beteiligt sein, die als tote Elemente der Festigung oder als lebende der Stärkespeicherung dienen. Strangparenchym ist bei den einzelnen Hölzern unterschiedlich vorhanden. Er liegt im Grundgewebe verteilt oder kommt in Form von Teil-, Halb- oder Ganz-Scheiden um die Gefäße vor. Sehr vielgestaltig können die Holzstrahlen sein. Neben Arten mit schmalen Strahlen kommen bei anderen Hölzern sehr breite (Eiche, Rotbuche) oder breit erscheinende zusammengesetzte Strahlen (Schwarzerle, Hainbuche, Haselnuß) vor.

Nach der Kombination der verschiedenen in Längsrichtung verlaufenden Gewebe können alle bekannten Hölzer zu Holzbau-Typen zusammengefaßt werden. Jeder Bautyp ist nach einem Gehölz benannt, nach dem er beschrieben wurde. Der Buchen- oder *Fagus-sylvativa*-Bautyp hat einen Holzkörper aus langgestreckten Fasertracheiden, aus kleinlumigen (mikroporen) Gefäßen, in dem wenig lebendes Strangparenchym vorkommt. Alle Gehölze, die diesen Bau aufweisen, z. B. Liguster und Stechpalme, wurden in diesen Buchen- oder *Fagus-sylvatica*-Bautyp gestellt. Der Bautyp wird bei den wichtigsten Gehölzen angegeben und bei der namengebenden Art jeweils kurz beschrieben.

Die Wurzel

Die Wurzel ist jenes Organ, mit dem Bäume und Sträucher im Boden verankert sind und das daher meist nicht sichtbar ist. Es dient der Aufnahme von Wasser und den darin gelösten Mineralsalzen. Ist eine überwiegend senkrecht abwärts wachsende Hauptwurzel vorhanden, so spricht man von einer **Pfahlwurzel**. Bleibt die Hauptwurzel jedoch im Wachstum zurück und übernehmen die Seitenwurzeln die Verankerung, so nennt man diese Form der Bewurzelung **Herzwurzel**. Breiten sich die Wurzeln nur in den oberflächennahen Bodenschichten aus, so sind **Flachwurzeln** vorhanden. Die Wurzelausbildung ist allerdings sehr stark von den Bodenverhältnissen abhängig.
Die **Schmetterlingsblütler** *(Fabaceae)* haben an den Wurzeln Knöllchenbakterien (Rhizobien), die den Luftstickstoff binden können. Die Wurzeln des Sanddorns *(Hippophae rhamnoides)*, der Ölweiden *(Elaeagnus-Arten)* und der Erlen *(Alnus-Arten)* gehen mit **Strahlenpilzen** (Actionomyceten) eine **Lebensgemeinschaft** (Symbiose) ein, die ebenfalls der Stickstoffbindung dient. Diese Gehölze, auch „Ammenpflanzen" genannt, eignen sich daher besonders gut zur Rekultivierung nährstoffarmer Böden.
Viele Blätter- und Röhrenpilze sind ebenfalls Partner unserer Waldbäume. Ihre Pilzhyphen bilden eine enge Symbiose mit den Baumwurzeln (Mykorrhiza). Die Pilze mit ihren reich verzweigten Pilzhyphen geben Nährsalze an die Pflanzenwurzeln ab und erhalten dafür Kohlenhydrate und Vitamine. Jede Störung des pilzlichen Lebens im Boden durch Übernutzung der Speisepilze, durch Bodenversauerung oder durch Schwermetalle stört diese Wechselbeziehungen und somit auch das Baumwachstum. Aus diesem Grunde wurde im Forstgesetz 1976 (4) b) 2. festgehalten, daß der eine Verwaltungsübertretung begeht, der „sich Früchte oder Samen der im Anhang angeführten Holzgewächse zu Erwerbszwecken oder Pilze in einer Menge von mehr als zwei Kilogramm pro Tag aneignet".

Der Sproß oder Stamm

Der Stamm trägt bei Bäumen die Krone und bei Sträuchern weitere Seitenäste. Er dient der **Festigung** und der Stoffleitung. Die Wuchsform, ob Baum oder Strauch, ist nicht nur erblich bedingt, sie wird auch von der Nutzung mitbestimmt, denn fast alle Laubhölzer können **Stockausschläge** und **Wasserreiser** aus schlafenden Knospen bilden. Knospen, die zum Austreiben erst im nächsten Frühjahr bestimmt sind, jedoch bereits im Hochsommer auswachsen, werden als **Johannistriebe** bezeichnet.

Die Höhe der Bäume hängt davon ab, ob sie frei stehend oder im Bestand wachsen, weiters sind die Höhen von Bäumen und Sträuchern vom Standort abhängig. Alle Höhenangaben gelten für ausgewachsene Bäume und Sträucher unter günstigen Standortverhältnissen.

Der Stamm kann **spannrückig** sein (z. B. bei der Hainbuche), das heißt, er hat in Längsrichtung Furchen und Wülste, er kann drehwüchsig oder geradschäftig oder sich in zwei gleich starke Schäfte (Zwiesel) teilen. Ein wichtiges Merkmal ist schließlich die Ausbildung der Borke. Die Stärke des Stammes wird üblicherweise in Brusthöhe (in 1,30 m Höhe) als Umfang oder als Durchmesser angegeben.

Die Blätter

Blätter und Nadeln gehören zu den wichtigsten Merkmalen bei der Beschreibung der Gehölze, und zwar schon deshalb, weil sie fast die ganze Vegetationsperiode erhalten bleiben.

Die Blätter zeigen eine große Formenvielfalt und Formenmannigfaltigkeit; meist sind sie als Assimilationsorgan flächig entwickelt. Sie können aber ebenso nadelförmig und stark reduziert sein. Blätter können weiters sitzend oder gestielt, einfach oder verschieden zusammengesetzt sein. Der Blattrand kann verschieden strukturiert sein. Bei den meisten Holzgewächsen sind die Blätter **wechselständig** oder schraubig an den Sprossen angeordnet, d. h., sie stehen einzeln am Sproß. Stehen sich je zwei Blätter in gleicher Höhe des Sprosses gegenüber, so ist die Blattstellung **gegenständig** beziehungsweise **kreuzweise** gegenständig (Ahorn, Kreuzdorn). Sitzen an einem Knoten drei oder mehr Blätter, so ist eine **quirlige** Blattstellung vorhanden.

Die meisten Laubgehölze haben **sommergrüne** Blätter; bei der Stechpalme und beim Buchsbaum kommen **immergrüne** vor, die wie bei den Nadeln der Nadelgehölze erst nach mehreren Jahren abfallen. An der Ansatzstelle des Blattstieles haben manche Gehölze mehr oder weniger deutlich ausgebildete **Nebenblätter**, die oft bald nach dem Austreiben der Knospen abfallen.
Die ersten Blätter, die bei der Samenkeimung erscheinen, heißen **Keimblätter**; sie sind oft von den Primär- und Folgeblättern abweichend gebaut (z. B. Keimblätter der Rotbuche oder Linde). Die Samen der Eiche und Edelkastanie keimen **unterirdisch**, sie verbleiben bei der Keimung in der Samenschale. Die Mehrzahl der Gehölze hat eine **oberirdische** Keimung, bei der die beiden Keimblätter an der Bodenoberfläche erscheinen.

Blüte, Frucht und Same

Die Blüte ist ein **Kurzsproß**, der nur im Dienste der Fortpflanzung umgewandelte Blätter trägt. So besteht eine vollständige Blüte aus Kelch-, Kron-, Staub- und Fruchtblättern, die die Samenanlagen umhüllen. Die **eingeschlechtige männliche** Blüte hat nur Staubblätter und keine Fruchtblätter, die **eingeschlechtige weibliche** Blüte hingegen hat Fruchtblätter und keine Staubblätter.
In einer **Zwitterblüte** sind beide Geschlechter, Staubblätter und Fruchtblätter, in einer Blüte vereinigt. Eine Pflanze ist **einhäusig** (monözisch), wenn sie sowohl männliche als auch weibliche Blüten trägt (z. B. Haselnuß, Nadelgehölze); sie ist **zweihäusig** (diözisch), wenn sie nur männliche oder nur weibliche Blüten besitzt (Pappel, Weide, Eibe). **Vielehig** (polygam) sind Blüten, wenn sie sowohl Zwitter- als auch eingeschlechtige Blüten aufweisen (z. B. Esche).
Viele Laubgehölze haben statt Einzelblüten charakteristische **Blütenstände**. Weit verbreitet bei den Gehölzen sind die hängenden **Kätzchen**, die **Ähre** hingegen ist ein aufrechter Blütenstand. Bei diesen beiden Blütenständen sitzen die Blüten dichtgedrängt und ungestielt auf einer Achse. Die Zäpfchen der Nadelhölzer sind ebenfalls besondere Kätzchen, deren weibliche Blütenstände verholzen.
Bei einer **Rispe** stehen an einer Achse viele weiter verzweigte Blüten (z. B. Liguster); bei einer Traube hingegen haben die gestielten Blüten an der Achse keine weitere Verzweigung (z. B. Traubenkirsche, Goldregen). Stehen die Blüten bei einem rispigen Blütenstand

in einer Ebene wie beim Schwarzen Holunder, so nennt man einen solchen Blütenstand einen **Ebenstrauß**. Bei einer **Dolde** stehen die gestielten Blüten strahlenförmig am Endpunkt der stark verkürzten Spindel (z. B. Efeu, Kornelkirsche). Bei einer **Trugdolde** entspringen die Blüten einzeln unterhalb der eine Blüte tragenden Achsenspitze, wobei die Blüten wie die Hauptachse wiederholt verzweigt sein können.

Vielgestaltig sind die **Früchte** im Pflanzenreich. Unter Frucht versteht man den Reifezustand des Fruchtknotens. Im Fruchtknoten liegen die Samen, die nach der Befruchtung aus der Samenanlage hervorgegangen sind.

Eine **Kapselfrucht** kann verschieden aufspringen und enthält meist viele Samen. Eine **Nuß** ist hartschalig und springt nicht auf; eine **Beere** ist saftig und umschließt gewöhnlich mehrere Samen; eine **Steinfrucht** ist saftig mit holzigem, meist einsamigem Steinkern. Himbeeren und Brombeeren sind **Sammelfrüchte**, bei denen mehrere Früchte auf einer gemeinsamen Achse sitzen. Sind bei einer Frucht außer dem Fruchtknoten auch andere Blütenteile beteiligt, so spricht man von einer **Scheinbeere** (Sanddorn). Bei einer **Schein-** oder **Apfelfrucht** wie z. B. der Hagebutte oder beim Weißdorn ist an der saftigen Fruchthülle auch der Blütenboden beteiligt. Die **Hülse**, die mit zwei Nähten aufspringt, ist die typische Frucht der Schmetterlingsblütler.

Bis die Holzgewächse die Fähigkeit zum Blühen und Fruchten erreichen, bis sie **mannbar** werden, ist ein gewisses Alter notwendig, das außerdem davon abhängt, ob Gewächse frei stehen oder sich in einem geschlossenen Bestand entwickeln. Frei stehende Stiel- und Trauben-Eichen werden erst mit 50–60 Jahren mannbar. In geschlossenen Beständen werden die Holzarten meist erst 10–20 Jahre später mannbar.

Die meisten Gehölze fruchten in einem mehrjährigen Zyklus, der von vielen Faktoren bestimmt wird. Jahre, in denen reichliche Samenbildung stattfindet, werden **Mastjahre** genannt. Während die Birken alljährlich fruchten, kommt es bei der Rotbuche nur alle zwei bis zwölf Jahre zur Samenbildung. Die Samenbildung wird auch von den Luftschadstoffen beeinflußt.

Beschreibung der Nadel- und Laubbäume

13. Beschreibung der Nadelgehölze

Eibe

Taxus baccata L.

Immergrüner Baum mit kegelförmiger oder unregelmäßiger Krone, bis 15 m hoch, sehr langsamwüchsig. Große Ausschlagfähigkeit, die sonst heimischen Nadelbäumen fehlt, daher oft strauchförmig. – Rinde zuerst rotbraun, sich hautartig schälend, später graubraun abblätternde Borke. – Eibennadeln breit, weich und flach, mit deutlicher Mittelrippe, dunkelgrün, glänzend, Unterseite hellgrün, matt, kurz stachelspitzig (Unterschied zur Tanne), ohne Harzkanäle; an älteren Zweigen schraubig angeordnet, mehr oder weniger gescheitelt. – Blüten meist zweihäusig, gelegentlich auch einhäusig; männliche Blüten kugelig, mit 6–15 Staubblättern, von braungelben Schuppen umgeben; weibliche Blüten einzeln mit nur einer Samenanlage. – Sauer reagierender Bestäubungspfropfen fängt die Pollenkörner auf. – Same mit becherförmigem rotem, leicht bläulich bereiftem Samenmantel (Aprillus), süßlich und eßbar, hüllt den holzigem, schwarzbraunen Samen fast gänzlich ein. Zwei Keimblätter. Blütezeit: März–Mai. Als Standort bevorzugt die Eibe schwach saure bis schwach basische Böden; frostempfindlich; schattenertragend, im Unterholz bis 1400 m, auch auf unzugänglichen Felswänden. Häufig verwendet als Schnitthecken und in Parkanlagen.
Schon seit dem Mittelalter wegen der übermäßigen Nutzung als Bogenholz und für Armbrüste in ganz Europa stark zurückgegangen. Der „Mann vom Hauslabjoch (Ötzi)“ trug schon vor über 5000 Jahren ein Beil, dessen Schaft aus Eibenholz bestand, und einen Bogen aus dem gleichen Holz bei sich. Die Eibe gilt in allen Bundesländern als gefährdet (Gefährdungsstufe 3). Vollkommen geschützt ist sie in Niederösterreich,Oberösterreich und in Tirol und teilweise geschützt im Burgenland, in Kärnten, in Salzburg, in der Steiermark und in Vorarlberg. Viele Eiben wurden als Naturdenkmäler ausgewiesen. Die Eibe von Fotingall (Schottland) mit 16 m Umfang und einem Alter von etwa 3000 Jahren gilt als älteste Eibe. Althochdeutsch bedeutet „Iwa“ sowohl den Baum als auch den Bogen. Bereits in den Pfahlbauten Österreichs und der Schweiz wurden Werkzeuge und Gegenstände aus Eibenholz gefunden.
In allen Teilen der Pflanze außer im roten Samenmantel, der der Ausbreitung durch Vögel dient, ist das bitter schmeckende, giftige Alkaloid Taxin enthalten, auf das vor allem Pferde empfindlich sind. Taxin wirkt betäubend und narkotisch. – Die Eibe wird kaum von Insekten und Pilzen angegriffen oder von Flechten besiedelt.Bei den Römern und Kelten war der Baum den Todesgöttern geweiht. –

Holz mit schmalem gelblichweißem Splint und gelbbraunem Kernholz; sehr enge Jahresringe, daher sehr elastisch, zäh, biegsam und dauerhaft und als Schnitzholz besonders geeignet. – Im Holz fehlen Harzkanäle; die Tracheiden sind schraubig verdickt. Einziger europäischer Vertreter der Gattung, die mehrere Arten umfaßt. Verbreitung: Europa, Nordafrika, Kleinasien, Kaukasus.

Fichte, Rottanne

Picea abies (L.) KARSTEN (= P. excelsa)

Bis 60 m hohe Bäume und einige hundert Jahre alt; Stamm gerade, Krone pyramidenförmig spitz, Äste horizontal, streng scheinquirlig angeordnet. – Gerbstoffreiche Borke blättert im Alter in kleinen Schuppen ab; wegen der rötlichem Borke die Bezeichnung Rottanne. – Wurzelsystem auf ungünstigem Boden flach, sonst tiefer. – Nadeln sehr variabel, mehr oder weniger gebogen, spitz, derb vierkantig, mit abgerundeten Kanten, dunkelgrün, an der Spitze gelblich, Querschnitt rhombisch, auf stark vorspringendem Nadelkissen, daher entnadelte Zweige rauh, 7 Jahre verbleibend. – Blüten einhäusig, weibliche Blüten: erdbeerförmige rote, später gelbe Kätzchen, an vorjährigen Trieben. In Jahren mit starker Pollenbildung sammelt sich der Blütenstaub als schwefelgelber Niederschlag (Schwefelregen) an Wasserpfützen oder an Seenrändern. Männliche Blüten purpurrot, engständig, aufrecht; Blütezeit: April–Mai. Reife Zapfen braun, hängend, mit der Spindel abfallend. – Samenjahre in Abständen von drei bis acht Jahren; Samen zum Unterschied von der Föhre einfärbig, kaffeebraun, bis sechs Jahre keimfähig. – Keimpflanze mit 6–10 Keimblättern.

Von Natur aus über 800–900 m bestandbildend, vereinzelt auch tiefer; auf basenreichen oder basenarmen, frisch-feuchten kühlen und winterkalten Standorten; der häufigste Baum im Alpenraum, bis an die Waldgrenze in 2000 m, oft vergesellschaftet mit Lärche und Zirbe. – Wegen des wertvollen Holzes in allen Höhenstufen als „Brotbaum“ aufgeforstet; auf ehemaligen landwirtschaftlichen Böden, in tieferen Lagen, vom Rotfäulepilz *(Fomes annosus)* und sekundär vom Hallimasch *(Armillaria mellea)* befallen; in nicht standortgerechten, wärmeren Lagen Befall durch die Fichtenblattwespe. – Die Ananasgallen auf den Ästen sind von der Roten *(Adelges laricis)* oder von der Grünen Fichtengallenlaus *(Sacchiphanes viridis)*. Der Fichtennadelrost, auch Goldschleimpilz *(Chrysomyxa rhododendri)* genannt, stammt häufig von einem zwischen Fichten und Alpenrosen wirtwechselnden Pilz. Bei starkem Befall verfärben sich die Nadeln durch die Sporenlager des Rostpilzes gelblich. –Kränkelnde, vom Wind geworfene Fichten oder Fichten auf ungünstigen Standorten werden besonders vom Borkenkäfer oder Buchdrucker (*Ips typographus*) befallen, der zur Massenvermehrung neigt und eine Bedrohung für die Fichtenkulturen darstellt.

„Jede Ficht‘ hat ein anderes G'sicht“ , lautet ein bekanntes Sprichwort, das auf die vielgestaltige Kronenform hinweist. Nach der Kronenausbildung werden Kammfichten (mit waagrecht abstehenden) und Bürstenfichten (mit schräg aufwärts gerichteten Ästen)

unterschieden. Die Hochlagenfichte weist einen schlanken, schmalkronigen Wuchs auf, tritt bis in 1400 m Höhe im Alpenraum auf und ist an die Schneeverhältnisse angepaßt. Auffallend sind die extrem schlanken Schlangenfichten. Haselfichten sind durch einen besonderen Holzaufbau ausgezeichnet, so daß sie sich besonders gut für Klanghölzer (Resonanzböden) eignen. Die durch Wind und Wetter geprägten Wetterfichten sind meist an der Baumgrenze einseitig beastet. „Kollerbüsche" sind kugelige, durch Verbiß entstandene Formen.

Häufige Mykorrhizapilze sind: Fliegenpilz *(Amanita muscaria)*, Echter Reizker *(Lactarius deliciosus)* und andere. Die Fichte ist empfindlich auf Rauchgase; ihre Borke eignet sich zum Nachweis von Rauchschäden, ebenso die Nadeln (Trübungstest). – An Straßenrändern können Salzschäden auftreten.

Das Holz ist ein weißliches Reifholz, ohne Farbkern, das als wertvolles Bau- und Möbelholz, auch für Zelluloseerzeugung, für Masten, Spanplatten und als Brennholz verwendet wird. Wo die Tanne fehlt, wird sie als Christbaum verwendet, auch als Mai- und Richtbaum und für Schmuckreisig. – Die Nadelstreu, die früher zum Einstreuen gesammelt wurde, ist schwer zersetzbar und liefert einen sauren Humus.

Verbreitung: Nord- und Mitteleuropa.

Föhre, Rotföhre, Kiefer, Forche

Pinus sylvestris L.

Bis 50 m hoher und bis zu 500 Jahre alter Baum mit kegelförmiger und im Alter schirmförmiger, unregelmäßiger Krone. – Stamm gerade oder gedreht wüchsig. Verschiedene Rassen, die sich in Stamm, Kronen- und Nadelausbildung unterscheiden. – Rinde graugelb. – Borke schuppig, in dünnen Streifen abschilfernd, im oberen Teil des Baumes rötlich. – Tiefgehende Pfahlwurzel, mit zahlreichen, teils oberflächlichen, teils schief in den Boden dringenden Seitenwurzeln. – Nadeln zwei, gelegentlich drei im Kurztrieb, am Grunde von einer hautigen Scheide umgeben, die flache Innenseite graugrün, Nadeln verbleiben 3–6 Jahre am Baum. – Blüten einhäusig; männliche Blüten: gelbe, eiförmige Kätzchen, gehäuft am Grunde diesjähriger Langtriebe, weibliche Zapfen rötlich, gestielt, meist paarweise an der Spitze diesjähriger Langtriebe, unterhalb der Endknospe stehend. Blütezeit: Mai. Zapfen an gekrümmten Stielen, eikegelförmig, unreif grün, im zweiten Herbst reif, dann graubraun. Schuppenschild rautenförmig mit hellbraunem, nicht schwarz umrandetem Nabel. – Same länglich-eiförmig, scharfkantig, schwärzlich oder gelblich, also ungleichfarbig (Unterschied zur Fichte). – Samenjahre zwischen zwei bis sechs Jahre; Samen bis zu fünf Jahre keimfähig. – Keimblätter vier bis sechs. Meist sechs im Quirl, bogig aufgerichtet, dreikantig, glattrandig.

Anspruchslose Baumart, auf laubholzfeindlichen extremen Standorten, Felshängen, Schotterflächen, Sand- und Torfböden; auf besseren Standorten mit Eiche oder Fichte; von der Ebene bis in 1600 m Höhe wachsend. – Pionierart, die sich zur Aufforstung von Sonder- und Grenzstandorten eignet. – Die lichtliebende Föhre hat nach der Eiszeit zuerst mit der Haselnuß die Rohböden besiedelt. In den inneralpinen Trockentälern und auf konkurrenzlosen felsigen Hängen ist die Kiefer bis heute reliktär erhalten geblieben. In den laubstreugenutzten Wäldern des Alpenvorlandes hat sie sich erst sekundär ausgebreitet.

Im Westen Österreichs, in Vorarlberg und Tirol, kommt eine Föhrenrasse mit langen, walzenförmigen Kronen, kurzen, nicht über 4 cm langen Nadeln und zahlreichen gelben, runden Zapfen vor, die als Engadin-Kiefer *(Pinus sylvestris subsp. engadinensis)* unterschieden wird.

In Kiefernwäldern begegnet man zahlreichen Mykorrhizapilzen aus der Gruppe der Röhrlinge sowie Blätterpilze. – Die Kiefernschütte, von einem Pilz *(Lophodermium seditosum)* hervorgerufen, führt zu Gelbfärbung und einem vorzeitigen massenhafen Abwerfen der Nadeln und Kurztriebe. – Der Kiefernnadelrost wird durch wirt-

wechselnde Rostpilze *(Coleosporium-Arten)* ausgelöst. – Holz mit breitem, rötlich- oder gelblichweißem Splint und einem kräftig rotbraunen Kern; wichtiges Nutzholz für Möbel und Bau; der Kienspan aus Föhrenholz diente einst zur Beleuchtung. Im Holz sind Harzkanäle vorhanden, und die Holzstrahlen sind aus zwei verschiedenen Zellsorten (aus Parenchym und Tracheiden) aufgebaut. – Die Föhrennadel weist auf kleinstem Querschnitt die größte Gewebevielfalt auf.

Verbreitung: Europa, durch Sibirien bis zum Amurgebiet sowie Gebirge der Krim und Teile Kaukasiens.

Häufig in Kultur: Weymouth-Kiefer oder Strobe *(Pinus strobus,* aus Nordamerika), allerdings durch Rinden-Blasenrost *(Cronatium ribicola)* gefährdet; Tränen- oder Himalaja-Kiefer *(Pinus excelsa).*

Lärche

Larix decidua MILL. (Larix europaea)

Zum Unterschied von der Japanischen Lärche auch Europäische Lärche genannt. – Sommergrüner, bis über 50 m hoher Baum, der über 500 Jahre alt wird. Rinde ledergelb, grau, glatt. – Borke dick, braunrot. – Krone schlank, kegelförmig, hell, mit horizontalen Hauptästen und hängenden Nebenästen. – Wurzeln tiefgehend und stark verzweigt. – Nadeln hellgrün, weich, dünn, nicht stechend; an den Langtrieben einzelstehend und zugespitzt, im Kurztrieb gebüschelt, länger, stumpfer, über der Mitte am breitesten. – Herbstverfärbung goldgelb. – Blüten einhäusig; männliche rötlichgelb, einförmig-kugelige, abwärts gerichtete Kätzchen; weibliche Blüten aufrechte purpurrote Zäpfchen, am Grunde mit einem Nadelkranz. – Blütezeit: März–Mai. – Zapfen klein, eiförmig, aufgerichtet, hellbraun, später grau, nach Samenausfall jahrelang am Baum verbleibend. – Same klein, dreieckig, glänzend, hellbraun, mit einem breiten Flügel verwachsen: Er fliegt meist erst im Frühjahr aus, nur zu 35% keimfähig, bleibt zwei bis drei Jahre keimfähig; Samenjahre je nach Höhenlage alle 3–10 Jahre.
Weit im Alpenraum verbreitet und forstlich in alle Höhenlagen eingebracht; bestes Wachstum zwischen 1400 und 1500 m; Pionierbaum und Lichtholzart; bis an die Waldgrenze in über 2000 m. – In vielen Alpengebieten sind durch die Waldweide parkähnliche Lärchenbestände mit Wiesen entstanden, die gern aufgesuchte, erhaltenswerte Erholungslandschaften sind.
Auf Lärchen weit verbreitet ist der Lärchenkrebs (*Lachnellula willkommii)*, der an Ästen und Stämmen zu Verformungen oder offenen Wunden führt. Die Meria – Lärchenschütte, der Erreger ist einPilz *(Meria laricis)* – führt schon im Frühsommer bei Lärchennadeln zu gelblichen oder braunen Verfärbungen. Periodisch, in Abständen von 5 bis 6 Jahren, können in manchen Gegenden die Raupen des Grauen Lärchenwicklers *(Semasia diana)* durch Fraß an den jungen Nadeln zu einer vorzeitigen gelbbraunen Herbstverfärbung führen.
Holz mit einem schmalen gelblichen Splint und einem rötlichbraunen bis braunroten Kern, harzreich, dauerhaft, zäh, wetterfest; wertvoll für Furniere, Faserplatten, im Türen- und Fensterbau, im Brückenbau und im Bergbau. – Charakteristische Harzkanäle, mit dickwandigen Zellen ausgekleidet; Tracheiden an den Längswänden oft mit zwei Hoftüpfeln.
Verbreitungsgebiete: Alpen, Karpaten.

Lärche

Latsche, Legföhre, Bergföhre, Krummholz

Pinus mugo TURRA

Meist als Strauch mit bogig aufsteigender, kegelförmiger, nie schirmförmiger Krone oder niederliegenden Ästen, gelegentlich bis zu 10 m hoher Baum und bis 300 Jahre alt. – Die Borke ist schwärzlich, nicht abblätternd. – Eine Pfahlwurzel fehlt; Wurzelsystem flach und weitausreichend; Winterknospen harzig; Nadeln: 2 in Kurztrieben, dicht angeordnet, leicht gedreht und gekrümmt, beiderseits grün bis dunkelgrün, bis zu 15 Jahre verbleibend. – Blüten einhäusig, größer als bei der Föhre; weibliche Zapfen oft paarweise, sind in jungem Zustand blauviolett; um den Nabel am Schuppenschild ein schwärzlicher Ring. Same fällt im dritten Jahr aus und bleibt bis vier Jahre keimfähig. – Blütezeit: Juni.

Die Legföhre überzieht vor allem unter und über der Waldgrenze trockene Böden, Kalk- und Dolomitstandorte zum Unterschied von der Grünerle, die mehr die feuchten Standorte bevorzugt. Die Legföhre ist nur bis in 2300 m Höhe verbreitet, sie kommt auch auf sauren Hochmooren in Tallagen vor. In den Westalpen und in den Pyrenäen kommt statt der Legföhre die Hacken-Berg-Kiefer *(Pinus uncinata)* vor.

Die Latsche hat in dieser Höhenlage eine wichtige Bodenschutzfunktion zu erfüllen. Legföhrenzweige, die lange unter Schnee liegen werden häufig von einem Schlauchpilz, dem Schwarzen Schneeschimmel *(Herpotrichia juniperi* oder *herpotrichia nigra),* befallen. Die Pilzhyphen umspinnen die Nadeln und bringen sie zum Absterben, so daß sie in verklebten Bündeln abfallen.

Holz mit weißgelbem Splint und einem rötlichgelben bis rotbraunen Kern; harzhältig, hart, dauerhaft. – Aus jungen Zweigen und Nadeln wird das Latschenöl gewonnen. In Kärnten dürfen nur drei Latschenzweige bis zu einer Länge von 50 cm mitgenommen werden. In Oberösterreich ist die Latsche teilweise geschützt.

Verbreitung: im Gebirge in Mitteleuropa, Balkan, Nord- und Zentralapennin.

Latsche • Legföhre
Bergföhre • Krummholz

Spirke, Moorspirke, Aufrechte Legföhre

Pinus rotundata LK.

Die Spirke, auch Aufrechte Moorkiefer genannt, unterscheidet sich von der Latsche durch den aufrechten, mehrstämmigen, bis 10 m hohen, strauch- bis baumförmigen Wuchs. – Schuppenschildchen der Zapfen breiter als hoch, ein Hacken ist nur schwach ausgebildet. Wie der Name Moorkiefer andeutet, gedeiht sie auf sauren Torfböden und in Hochmooren.

In Österreich selten; in Spirkenmooren in Vorarlberg (z. B. Fohramoos), in einigen Mooren des Mühlviertels; selten in der Steiermark (in der Gaal bei Knittelfeld und bei Wenigzell). – Nach der Roten Liste ist die Spirke in Vorarlberg potentiell gefährdet (Gefährdungsstufe 4). In Kärnten und in Oberösterreich ist die Spirke teilweise geschützt; es dürfen nur drei Zweige bis zu einer Länge von 50 cm mitgenommen werden.

Spirke • Moorspirke • Aufrechte Legföhre

Schwarzföhre, Schwarzkiefer

Pinus nigra ARNOLD

Bis 35 m hoher Baum, über 500 Jahre alt. – Krone kegelförmig, im Alter oft flach, schirmförmig, breitausladend. – Rinde anfangs grünlichbraun, glatt. – Borke dunkel-schwarzgrau,tiefrissig, bis in den Wipfel reichend. – Bewurzelung flach und weitverzweigt. – Nadeln: zwei in Kurztrieben, lang, sehr starr, derb, kaum gedreht; schwarzgrün, Spitze meist gelblich, vier bis sechs Jahre bleibend. – Blüten einhäusig, ähnlich der Föhre, weibliche Blüten größer, rot. – Blütezeit: Mai–Juni. – Zapfen breit-kegelförmig, fast sitzend, meist waagrecht abstehend, glänzend braun. – Same eirund-länglich, meist gleichfarbig gelblich, der hellste Föhrensame, geflügelt, größer als bei der Föhre. – Keimblätter 4–10, meist länger, derber als bei der Föhre; mannbar zwischen 20 und 40 Jahren; Samen zwei bis vier Jahre keimfähig.

Anspruchsloseste Baumart, daher zur Aufforstung von extremen Standorten, von Schotterflächen um Wiener Neustadt, Sanddünen im Marchfeld und zur Karstaufforstung eingesetzt; frosthart, hitze- und dürrebeständig, ebenso widerstandsfähig gegen Rauchgase.

In Südeuropa beheimatet, kommt sie in Österreich auf den Kalkhängen der Thermenlinie in Niederösterreich sowie in Kärnten in den Karawanken, im Gebiet der Trögern-Klamm, in den Gailtaler Alpen, am Südabfall des Dobratsch und nach Westen bis Hermagor vor. Die Schwarzkiefer verlangt ähnliche kalkhältige und besonders luftfeuchte Standorte wie die Buche; sie ist auf einer Höhenzone zwischen 600 und 1100 m verbreitet und hier mit der Hopfenbuche *(Ostrya carpinifolia)* und der Manna-Esche *(Fraxinus ornus)* vergesellschaftet.

Die berühmte Breite Föhre von Mödling, eine Schwarzföhre mit weit ausgebreiteter Krone, die es nicht mehr gibt, wurde von Ludwig Ferdinand SCHNORR von CAROLSFELD 1838 in einem Gemälde festgehalten.

Zerfällt in mehrere sehr ähnliche Formen. – Die Schwarzföhre gilt als besonders anfällig für das Trieb- und Rindensterben, das von einem Pilz *(Gremmeniella abietina)* ausgelöst wird. – Holz mit rötlichbraunem Kern, dem Lärchenholz ähnlich: Oft zur Harz- und Terpentingewinnung kultiviert. Auch als Zierbaum in den Parkanlagen.

Verbreitung: Südeuropa nach Norden bis Österreich und bis zu den Südkarpaten.

Schwarzföhre
Schwarzkiefer

Tanne, Weißtanne, Edeltanne

Abies alba MILL. (Abies pectinata)

Bis 60 m hoher Baum, wird mehrere hundert Jahre alt. – Stamm gerade, walzenförmig. – Rinde glatt, weißgrau, mit Harzbeulen, auch mit rötlichem Schimmer; zum Unterschied von der Fichte mit kräftiger Pfahlwurzel. – Krone im Alter und bei Rauchgasbelastung abgeplattet, storchennestartig; in der Jugend mit pyramidenförmiger Krone. – Nadeln lederig, immergrün, lineal, schraubig angeordnet, an den Seitenzweigen scheinbar zweizeilig, in eine Ebene gedreht, so daß sie gescheitelt erscheinen; Blattstiel am Grunde mit scheibenförmiger kleiner Blattnarbe; auf der Blattunterseite zwei weißliche Wachsstreifen, im Querschnitt mit zwei Harzkanälen; Nadeln an der Spitze gekerbt; verbleiben bis zu 11 Jahren auf dem Baum. – Weibliche Zapfen hellgrün und aufrecht; sie zerfallen zur Samenreife bis auf die verbleibende Spindel. Die männlichen Blüten sind gelbe Kätzchen. Samenjahre zwischen 2 und 6 Jahren. –Samen groß, dreikantig, geflügelt; bis zu 6 Monate keimfähig; meist fünf Keimblätter. – Blütezeit: April–Juni.

Auf frischen, nährstoffreichen Böden ist die Tanne anspruchsvoller als die Fichte; meist in Mischbeständen mit Buche und Fichte, insbesondere am Alpenrand; bis in 1600 m Höhe anzutreffen; auf silikat- und kalkreichen Böden. – Empfindlich gegen Trockenheit und auf Immissionen; Tannensterben schon seit 100 Jahren bekannt, durch Rauchgase jedoch fast schon katastrophal, so daß die Tanne als stark gefährdeter Baum (Gefährdungsstufe 2) in die Rote Liste Österreichs aufgenommen wurde. – Erträgt Jahrzehnte Beschattung wie kein anderer Nadelbaum; verjüngt sich im Schutze des Altholzes. – Naturverjüngung durch starken Wildverbiß ohne Zäunung kaum möglich.

Im natürlichen Bestand oft von der Tannenmistel *(Viscum abietis)* befallen, auch von der Tannentrieblaus. Die Hexenbesen auf der Tanne sind durch einen wirtwechselnden Pilz *(Melampsorella caryophyllacearum)*, einen Rostpilz, verursacht, dessen zweite Wirtspflanzen verschiedene Nelkengewächse *(Caryophyllaceeae)* sind. Weniger Schaden richtet der Tannennadelrost *(Pucciniastrum epilobii)* an, der wirtswechselnd auch das Schmalblättrige Weidenröschen *(Epilobium angustifolium)* befällt.

Das Holz ist ein Reifholz, oft mit einem krankhaften Naßkern; weich, unter Wasser dauerhaft, als Möbelholz nicht so gefragt wie als Werkholz; sehr gleichmäßiger Holzaufbau, regelmäßige Jahresringe, ohne Harzkanäle. Verbreitungsgebiet: Mittel- und Südeuropa.

Tanne • Weißtanne • Edeltanne

Zirbelkiefer, Zirbe, Arve

Pinus cembra L.

Bis über 20 m hoher, langsamwüchsiger und bis zu 1000 Jahre alter Baum. – Junge Krone regelmäßig kegelförmig, mit tief herabreichender Beastung, im Alter unregelmäßig und mehrwipfelig. – Rinde zuerst silbergrau, Borke graubraun bis schwarzbraun, längsrissig und schuppig. Bewurzelung weitausgreifend und kräftig. – Einziger einheimischer Nadelbaum mit fünfnadeligen Kurztrieben, Nadeln stumpf-spitzig, derb, steif, lebhaft grün, dicker als bei der Strobe, dreikantig, die Seiten mit bläulichweißen Längsstreifen; drei bis sechs, meist bis fünf Jahren bleibend. – Blüten einhäusig; männliche Blüten gelbe oder rote Kätzchen, weibliche Blüten blaue bis violette, stumpf-kegelförmige Zapfen, zwei bis vier. – Blütezeit: Juni–Juli; Zapfen dick, eiförmig, anfangs blaubereift, später bräunlich, im Frühjahr des dritten Jahres ganz abfallend; Zapfenschuppen stark verdickt. – Zirbelnüsse (Samen) dick, groß, mattbraun, hartschalig, stumpf dreikantig, ungeflügelt, eßbar. Sie werden vom Tannenhäher („Zirbengratschen“) verbreitet. – Keimblätter neun bis zwölf, meist 10 im Quirl, dreikantig, dunkelgrün, sichelförmig aufwärts gekrümmt, sich oft zur Seite drehend; Innenkante schwach gesägt, Innenflächen mit weißen Längsstreifen. – Im natürlichen Bestand oft erst mit 70–80 Jahren mannbar, dann Samen alle 8 bis 10 Jahre; Same bleibt zwei bis drei Jahre keimfähig. Zäher, wetterfester Hochgebirgsbaum in den Kalk- und Zentralalpen bis 2400 m Höhe; oft mit der Lärche vergesellschaftet. Lichtholzart, die in den Seetaler Alpen (Zirbitzkogel) und im Warscheneck in den Nördlichen Kalkalpen in Österreich die Ostgrenze der Verbreitung erreicht. Bisweilen außerhalb des natürlichen Areals aufgeforstet, z. B. auf der Koralpe und auf dem Schöckel. An der Baumgrenze oft sehr markante, vom Blitz gezeichnete Wetterzirben mit einseitig ausgebildeten Ästen, auch mehrwipfelige Kandelaberzirben, selten Legzirben. Durch Übernutzung in vielen Alpenregionen stark zurückgegangen. Die vorzeitige Gelbfärbung der Nadeln wird wie bei der Kiefer durch einen Schüttepilz verursacht. In manchen Bundesländern wie z.B. in Kärnten ist die Mitnahme von nur drei Zirbenzweigen bis zu einer Länge von 50 cm gestattet. In Tirol darf nur ein Handstrauß Zirbenzweige mitgenommen werden, und in Vorarlberg ist die Zirbe vollkommen geschützt. Holz mit schmalem, gelblichem Splint und gelblich-rötlichem Kern, leicht, harzreich, wohlduftend, dauerhaft, sehr wertvoll für Vertäfelungen, Bauernmöbel, Schindeln und Resonanzböden für Musikinstrumente; wegen der engen Jahresringe auch ein gutes Schnitzholz, das auch im Grödnertal verwendet wird. Verbreitung: Alpen, Karpaten, Sibirien.

Zirbelkiefer • Zirbe • Arve

Gewöhnlicher Wacholder, Kranebeeren

Juniperus communis L. subsp. communis

Baum oder Strauch mit tiefangesetzter, kegelförmiger Krone, bis 12 m hoch, Rinde braun, später längsrissig, schwarzgrau, schuppig und tiefgefurcht, tiefe Flachwurzeln. – Nadeln: drei in Quirlen, weit voneinander abstehend, pfriemenförmig, etwas rinnig, steif stachelspitzig, an der Oberseite mit bläulichem Mittelstreifen, sonnig mehr anliegend, drei Jahre verbleibend. – Blüten zweihäusig, in Achseln vorjähriger Nadeln; männliche Blüten: kleine, kugelige gelbe Kätzchen; weibliche: kleine hellgrüne Zäpfchen, aus drei Fruchtschuppen bestehend. Blütezeit: April–Juni. Wacholderbeeren: kugelige Beerenzapfen, sehr kurz gestielt, unreif grün, reif im zweiten Herbst, dunkelbraun-violett, blaubereift, mit schwach dreikantigen, bräunlichen, länglichen, von vielen Ölbehältern umgebenen Samen. – Zwei Keimblätter.

Anspruchsloses, lichtliebendes Gehölz, auf Magerweiden, oft als Weiderelikt, im Unterwuchs von lichten Nadelwäldern, auf Weideflächen; bis 1600 m.

Der Wacholder ist Zwischenwirt des Wacholderrostes *(Gymnosporangium sabinae)*, ein Pilz, der auf verschiedenen Wacholderarten parasitiert und der auf den Zweigen spindelförmige Anschwellungen hervorruft. Aus der Rinde brechen zungenförmige gelbbraune Teleutosporenlager hervor. Auf der Birne, dem zweiten Wirt, ruft der Pilz den Gitterrost hervor, orangerote Flecken auf den Blättern. In der Volksmedizin von großer Bedeutung. In den Pesthäusern des Mittelalters wurde mit Wacholderbeeren geräuchert. Beeren werden zum Konservieren von Fleisch und als Gewürz zum Sauerkraut verwendet. Wacholderzweige werden beim Räuchern des Fleisches mitverbrannt. Aus Wacholderbeeren wird ein bekannter Schnaps gebrannt. – Holz mit rötlichbraunem Kern, zäh, fest, für Drechslerarbeiten geeignet. Holzbau: Im Spätholz treten Parenchymzellen mit Inhaltsresten auf. Nach der Roten Liste ist der Wacholder regional gefährdet, außer in Salzburg und Tirol ist der Gewöhnliche Wacholder (meist mit Ausnahme der Beeren) in allen Bundesländern teilweise geschützt. In Kärnten ist die Mitnahme von höchstens drei Zweigen bis zu einer Länge von 50 cm erlaubt.

Verbreitung: Europa, Nordasien bis Nordchina, Nordafrika, Nordamerika.

Gewöhnlicher Wacholder
Kranebeeren

Zwergwacholder

Juniperus communis L. subsp. alpina (NEILR.) CELAK. (= J. sibirica)

Niederliegender bis kriechender, höchstens bis 50 cm hoher Strauch; Rinde schwarzbraun, auch mit zahlreichen aufrechten, dichtbenadelten Zweigen. – Nadeln ähnlich dem Wacholder, jedoch dicht gedrängt, weicher und kürzer, sichelförmig aufwärtsgekrümmt, sich dachziegelartig deckend. – Früchte ebenfalls Beerenzapfen, dem Wacholder ähnlich. Samen jedoch etwas kürzer und gedrungener.
Niedriger Hochgebirgsstrauch auf kalkarmen, mageren Wald- und Weideböden, im Zwergstrauch- und Alpenrosengebüsch, an sonnigen Felsen; von der subalpinen bis zur hochalpinen Region zwischen 1400 und 2500 m. Ist in der Steiermark teilweise geschützt,in Oberösterreich und Vorarlberg sind alle Wacholderarten teilweise geschützt.
In der Schweiz, im Monte-Rosa-Gebiet wurde der Zwergwacholder als höchststeigendes Holzgewächs noch in 3750 m Höhe gefunden. Im Himalaja kommt er bis über 3500 m vor.
Verbreitung: Europa, Nordasien, Nordamerika.

Zwergwacholder

Stinkwacholder, Sade- oder Sebenbaum, Sevenbusch

Juniperus sabina L.

Ästiger, niederliegender oder aufrechter Strauch, unangenehm riechend, bis 2 m hoch; kann in Kultur mehrere Meter hoch werden. Rinde gelbbraun; Borke rötlichbraun, längsrissig, faserig. Nadeln in zwei Formen (Heterophyllie); bis zum 10. Lebensjahr Nadeln spitz, abstehend, drei in Quirlen; die Nadeln der ausgewachsenen Sträucher vorwiegend schuppenförmig, meist kreuzweise gegenständig, dunkelgrün, dreieckig, stumpf, scharf stachelspitzig, anliegend und sich dachziegelig deckend, mit eingesenkter Harzdrüse und einem weiteren Harzgang durchzogen. – Blätter verbleiben drei Jahre. – Blüten einhäusig, manchmal zweihäusig. Beerenzapfen erbsengroß, überhängend, reif blauschwarz, blaubereift. – Blütezeit: April–Mai.
Auf mineralarmen, felsig-steinigen, warmen Standorten, in Trokkenrasen, über Felswände teppichartig hängend, im Unterwuchs von Föhrenwäldern; vereinzelt bis in 3000 m Höhe.
In Österreich in Vorarlberg, Tirol (Ötztal), Kärnten, Salzburg, Oberösterreich und der Steiermark (Ausseergebiet, bei Pürgg, Rote Wand bei Mixnitz). Der Stinkwacholder ist in Kärnten und der Steiermark vollkommen und in Salzburg teilweise geschützt.
Schon von Karl dem Großen in seiner Gartenverordnung, dem „Capitulare de villis" (etwa 814), zum Anbau empfohlen. In der Volksmedizin und Tiermedizin auch als Abtreibungsmittel verwendet. – Alle Pflanzenteile, besonders die Triebspitzen, sehr stark giftig. – Holz mit einem roten Kern, dauerhaft, eignet sich für Drechslerarbeiten. Als Zierstrauch und Bodendecken in Grünflächen und auf Friedhöfen.
Verbreitung: Europa, Sibirien, Kaukasus, Kleinasien.

Stinkwacholder
Sade- oder Sebenbaum
Sevenbusch

14. Beschreibung der Laubgehölze

Bergahorn

Acer pseudoplatanus L.

Baum bis über 30 m hoch und bis 500 Jahre alt; im Alter hochschaftig mit in flachen Schuppen abblätternder Borke, ähnlich wie bei der Platane. Blätter gegenständig, groß, langgestielt, derb und am Grunde herzförmig und fünfnervig, Oberseite dunkelgrün, kahl, Unterseite hellgrün, bei Kulturformen auch schmutzigpurpurn, fünflappig mit spitzen Einschnitten, in den Aderwinkeln behaart; Blattstiel rinnig, ohne Milchsaft; – Blüten einhäusig, eingeschlechtig, teilweise scheinzwittrig, gelbgrün, gestielt, in endständigen, hängenden, zusammengesetzten Trauben, fünf Kelch- und fünf Kronblätter. Blütezeit: Mai, nach Laubausbruch. – Kugelige Nußfrüchte, zu zweit verwachsen mit großen, propellerartigen Flügeln, Flügelrückenlinien bilden einen spitzen Winkel. Je nach Höhenlage alle ein bis drei Jahre reichliche Samenjahre, Samen bis eineinhalb Jahre keimfähig; Knospen gegenständig, spitz-eiförmig, glänzend, mehrschuppig; Endknospe größer mit zwei Seitenknospen. – Keimblätter glatt, zungenförmig, nach oben verschmälert, mit drei Parallelnerven (Unterschied zur Esche) – ohne Querrinnen.
Bevorzugt kühle, feuchte Schluchten, frische, mineralhältige, lockere Böden, gut durchfeuchtete Geröllböden. Wird als Mischbaumart, aber auch in Alleen und Parkanlagen wegen seiner schattigen Krone gepflanzt. In den Alpen bis in 1600 m Höhe.
Die Blätter zeigen oft auffallende große Teerflecken, die von einem Schlauchpilz *(Rhytisma acerinum)* stammen; sehr gute Nektartracht und eine mittlere Pollentracht. – Holz weiß, ohne Kern, hart, gut zu bearbeiten und für Furniere für die Möbelindustrie, Drechslerwaren, für Spielzeug viel verwendet. – Holzbau: Bergahorn-Typ: Zu diesem Bautyp gehören nur Ahornarten; sie haben zerstreutporige Gefäße, die einfach durchbrochen sind. Das Grundgewebe besteht aus toten Holzfasern, von dem die Gefäße durch lebende Parenchymscheiden isoliert sind; auch an der Jahrringgrenze treten lebende, stärkespeichernde Holzfasern auf.
Verbreitung: mitteleuropäische Gebirge, nördlich bis zum Harz, Krim, Kaukasus.

Bergahorn

Feldahorn, Maßholder, Holder

Acer campestre L.

Kleiner, langsamwüchsiger Baum, bis 10 m hoch, ausnahmsweise bis 20 m hoch und bis über 100 Jahre alt. Bei niederwaldartiger Bewirtschaftung strauchförmig; tiefgehende Wurzeln mit Stockausschlag und Wurzelbrut. – Junge Zweige oft mit Korkleisten. Borke reißt netzartig in mehr oder weniger rechteckig geformte Felder auf. – Blätter gegenständig, kleiner, langgestielt, derb, am herzförmigen Grunde fünfnervig, drei bis fünf grobgekerbte Lappen in der oberen Hälfte, meist in drei stumpfe Zipfel geteilt, Oberseite dunkelgrün, glänzend, Unterseite heller, matt, weichhaarig; junge Blätter mit Milchsaft. – Blüten ähnlich dem Spitzahorn, meist zweihäusig, in aufrechten, später überhängenden Dolden, hellgrün; erscheinen zugleich im Mai mit dem Laubausbruch. – Nüßchen meist graufilzig, zwei; Flügel kahl, waagrecht abstehend. – Keimblätter kleiner als beim Berg- und Spitzahorn, zungenförmig. Anspruchsloser als Berg- und Spitzahorn, jedoch wärmebedürftiger; meidet nasse Standorte; bevorzugt Ebene und Hügelgebiete; in Feldgehölzen, Hecken, an Waldrändern und in Laubmischwäldern; bis in 800–900 m Höhe. Vereinzelt auch als Parkbaum; gute Heckenpflanze, von allen Ahornarten die geringste Bienenweide. – Holz rötlichweiß, ohne Kern, schön gemasert; für Drechslerei. – Holzbau: Bergahorn-Typ. Nach der Roten Liste in Österreich regional gefährdet.
Verbreitung: Europa, Kleinasien.

Feldahorn • Maßholder
Holder

Spitzahorn

Acer platanoides L.

Mittelgroßer Baum, bis 25 m hoch und bis zu 150 Jahre alt; mit geradem Stamm. – Borke längsrissig, nicht abblätternd. – Blätter gegenständig, am herzförmigen Grunde siebennervig, mit fünf bis sieben fein und lang zugespitzten drei- bis fünfzähnigen Lappen und stumpfen Einschnitten; beiderseits glänzend, oben lebhaft grün, unten hellgrün; rötliche bis leuchtend hellgelbe Herbstverfärbung; Nervenwinkel bärtig; Blattrippen und der oft rote Stiel milchsaftführend. – Blüten einhäusig, manchmal zweihäusig, meist scheinzwittrig, grüngelb, in Doldentrauben, die im April–Mai vor Laubausbruch aufblühen; Kelch und Krone fünfzählig. – Nüßchen flachgedrückt, zwei verwachsen, Flügelrücken bilden einen sehr stumpfen Winkel. – Keimblätter zungenförmig, vorne verbreitert, etwa quergeknittert.

Anpassungsfähiger und rascherwüchsiger in der Jugend als der Bergahorn; gedeiht auch auf trockenen Kalk- und nassen Standorten; in Laubmischwäldern; bis in über 1000 m Höhe.

Oft als Alleebaum, als Blutahorn; gute Nektartracht und geringere Pollentracht. – Holz ohne Farbkern, mehr grauweiß als beim Bergahorn. Holzbau: Bergahorn-Typ.

Verbreitung: Europa bis Kaukasus.

Spitzahorn

Tatarischer Ahorn

Acer tataricum L.

Bis 5 m hoher Baum oder Strauch mit glatter dunkelgrauer Rinde; Zweige und Knospen meist zu dritt; Laubblätter bis 4 cm lang gestielt, eiförmig, ungelappt oder mit nur zwei schwachen Seitenlappen, doppeltgezähnt, unterseits meist an den Nerven behaart, Seitenlappen doppeltgezähnt, fiedernervig, im Herbst lebhaft rot. – Blüten zwittrig, in ebenstraußförmigen Rispen, die nach dem Laub erscheinen; Kronblätter weißlich, nur zwei bis vier Millimeter lang, wenig länger als Kelchblätter, viel kürzer als die Staubblätter; Fruchtknoten behaart, Griffel mit zwei kurzen Narbenästen. – Früchte mit zwei bis drei Zentimeter langen, gegen die Spitze verbreiterten, bogig einwärts gekrümmten, fast parallelen, selten etwas gespreizten, oft rötlichen Flügeln.

In Südeuropa verbreitet, gelegentlich kultiviert und verwildert. In Österreich nur in den Leithaauen bei Zurndorf (Burgenland) und nur in wenigen Sträuchern in Niederösterreich hinter Schloß Marchegg.

Nach der Roten Liste in Niederösterreich und im Burgenland stark gefährdet (Gefährdungsstufe 2).

Verbreitung: Südosteuropa, Balkan, Ungarn, Kleinasien bis Armenien, Elbrusgebirge.

Tatarischer Ahorn

Hängebirke, Weißbirke, Sand- oder Warzenbirke

Betula pendula ROTH (= B. verrucosa).

Baum bis 28 m hoch und höchstens 120 Jahre alt; zuerst mit Pfahlwurzel, später mit knolligem Wurzelstock und flach streichenden Seitenwurzeln; nur schwaches Ausschlagvermögen in der Jugend. – Ab fünftem Jahr raschwüchsig, Zweige hängend. Rinde in der Jugend glänzend gelbbraun, dann glänzend weiß, in Querbändern abschilfernd; im Alter vom Stammfuß aufwärts dicke, tiefrissige, schwärzliche Borke. – Blätter wechselständig, dünn, dreieckig oder eirautenförmig, meist lang zugespitzt, grob doppeltgesägt, am Grunde ganzrandig, durch Harzdrüsenausscheidung anfangs klebrig, Harzdrüsen trocknen oft zu dünnen weißlichen Schüppchen ein; Blätter und Stiele völlig kahl; Blätter der Stockloden (Stockaustriebe) größer, behaart und herzförmig. – Blüten meist einhäusig, männliche Kätzchen ungestielt bräunlich, erscheinen zu ein bis drei hängend, schon im Herbst des vorigen Jahres; weibliche Kätzchen grün, an der Spitze diesjähriger beblätterter Kurztriebe aufrecht, erst später hängend; Blütezeit: März–Mai. – Zäpfchenfrüchte dickwalzig, hellbraun, nach Zerfall bleibt die Spindel zurück, Fruchtschuppen dreilappig, mittlerer Abschnitt breit und kurz, Nüßchen. Samen höchstens bis zum nächsten Frühjahr keimfähig.
Lichtbedürftiger Baum; anspruchslos auf ärmsten und trockensten Standorten, auf Sandböden; meidet reine Kalk- und Moorböden; oft mit der Salweide als Pionier auf Kahlschlägen, von der Ebene bis fast in 1800 m. Die Birke hat nach der Eiszeit als erster Baum, noch vor der Kiefer, die Besiedlung der Rohböden eingeleitet.
Ein wirtsspezifischer Stammfäuleerreger, der auf Birkenholz spezialisiert ist, ist der Birkenporling *(Piptoporus betulinus)*, leicht kenntlich an seinen einjährigen weißen Fruchtkörpern.
In Gegenden mit hohem Birkenanteil ist der Pollen für die Versorgung der Bienenvölker von Bedeutung. – Aus Birkenrinde können Birkenteer und Birkenöl und aus dem Blutungssaft Birkenwasser als Haarwuchsmittel bzw. vergoren als Birkenwein gewonnen werden. – Hexenbesen auf der Birke stammen von Pilzen *(Taphrina -Arten)*. In Tirol ist es verboten, vom 1. Dezember bis 30. Mai mehr als fünf höchstens 50 cm lange Birkenzweige zu entnehmen und zu befördern. – Holz gelblich bis rötlichweiß, ohne Farbkern, mit braunen Markflecken; für Furniere, Vollbaumöbel, für Drechslereien, Schnitzereien, Wagnereiarbeiten, Schindeln und als Brennholz vielfach genutzt. – Holzbau: Schwarzerlentyp; Holzstrahlen jedoch zwei bis vier Zellen breit. Als Parkbaum, einzeln; häufiger in Gruppen kultiviert; weiße Borke und besonders leuchtendes Grün im Frühjahr; Herbstfärbung gelb. Verbreitung: Europa, Kleinasien.

Hängebirke • Weißbirke • Sand- oder Warzenbirke

Moorbirke, Schwarzbirke, Haarbirke

Betula pubescens EHR.

Ähnlich der Hängebirke, bis 20 m hoch, Bewurzelung nicht tiefgehend, eher weitstreichend. Rinde etwas weniger hell, keine oder sehr späte Borkenbildung, Blätter etwas derber, kürzer zugespitzt, ungleich doppeltgesägt, am Grunde ganzrandig, in der Jugend behaart und aromatisch duftend. – Samenflügel nur bis eineinhalbmal so breit wie die Nüßchen, Mittelabschnitt der Fruchtschuppe ist lang und spitz. Blütezeit: April–Mai. Kommt in Moor- und Bruchwäldern vor; auf staunaß-feuchten Torfböden, erträgt rauheres Klima, bis 1600 m. – Holzbau: Schwarzerlen-Typ. – Gilt als gefährdet (Gefährdungsstufe 3). Zwischen der Hänge- und Moorbirke kommen Bastarde vor.
Verbreitung: Mitteleuropa bis Sibirien.

Zwergbirke

Betula nana L.

Die kleinste aller einheimischen Birken wird nur 0,4 bis höchstens 1 m hoch; sehr langsamwüchsig. – Blätter klein, kreisrund oder etwas breiter als lang, ziemlich stumpf gekerbt; an der hellgrünen Unterseite netzaderig, mit zwei bis vier Nervenpaaren. Blütezeit: Mai–Juni. – Ebenfalls eine nordische Reliktpflanze, die in Österreich in einigen Hochmooren überlebt hat. – In der Steiermark z. B. im See-Eben-Moor auf der Koralpe; im Untertal bei Schladming oder auf der Turracher Höhe. – Nach der Roten Liste in allen Bundesländern (außer Wien und im Burgenland, wo sie fehlt) stark gefährdet (Gefährdungsstufe 2). In Kärnten, Salzburg und der Steiermark nach der Naturschutzverordnung gänzlich und in Vorarlberg teilweise geschützt. Verbreitung: Nordeuropa, Nordamerika.

Moorbirke • Schwarzbirke • Haarbirke

Zwergbirke

Strauchbirke

Betula humilis SCHRANK

Höchstens bis 3 m hoher Strauch, der kaum über 20 Jahre alt wird. Blätter klein, rundlich-eiförmig, stumpflich bis etwas zugespitzt, zugleich kerbig gesägt, kahl, Unterseite hellgrün und auffallend netzaderig; mit vier bis fünf Nervenpaaren. – Zäpfchen aufrecht, sehr kurz gestielt. Blütezeit: April–Mai. – Nüßchen breiteiförmig, flach mit schmalen Flügeln.
Nordische Reliktpflanze, die auch in der Steiermark (Edlacher-Moor) vorkommt. Nach der Roten Liste ist die Strauchbirke in Salzburg und in Oberösterreich bereits verschwunden, in Kärnten und der Steiermark ist sie regional stark gefährdet (Gefährdungsstufe 2). In der Steiermark und in Kärnten genießt der Strauch nach den Naturschutzverordnungen der beiden Länder gänzlichen Schutz. – Holzbau: Schwarzerlen-Typ.
Verbreitung: Mittel- und Nordeuropa, Nordasien bis Altai.

Strauchbirke

Grauerle, Weißerle

Alnus incana (L.) MOENCH

Bis 25 m hoher Baum mit meist gekrümmtem Schaft, kaum über 50 Jahre alt; sehr ausschlagfreudig und daher oft strauchförmige Bestände; Wurzelbrut; Bewurzelung flach und weitstreichend. – Rinde glatt, silbergrau, keine Borkenbildung. – Blätter wechselständig, eiförmig, zugespitzt, doppeltgesägt, in der Jugend beiderseits weichhaarig, später an der Oberseite fast kahl, dunkelgrün, Unterseite graugrün, behaart bis filzig. – Blüten einhäusig, erscheinen ab Februar vor Blattausbruch auf demselben Trieb wie im Sommer des Vorjahres , weibliche Kätzchen klein, mit roten Narben, zapfenförmig, sehr kurz gestielt, Tragzweige sowie die Stiele der männlichen Kätzchen dicht flaumhaarig, zu mehreren Kätzchen angeordnet, Deckschuppen violett-braun. Blütezeit: Februar–März–April. Früchte kleine, eiförmige holzige Zäpfchen, kleiner als bei der Schwarzerle, Nüßchen flach, rundlich bis fünfeckig, nicht gleichfarbig, mit breiten, dunklen Flügelrändern, schwimmfähig, nur bis zu einem Jahr keimfähig. Leere Fruchtzäpfchen bleiben mehrere Jahre hängen.

Bildet Auenwälder an den Gebirgsbächen, auf sickerfeuchten oder staunassen, nährstoffreichen Hängen, auch auf durchlässigen Schutt- und Kiesböden, besonders im Überschwemmungsbereich der Alpenflüsse, breitet sich oft auf aufgelassenen Almweiden aus; bis 1700 m.

Anspruchsloser Pionierbaum, der sich ähnlich wie die Schwarzerle zur Aufforstung für Extrem- und Sonderstandorte eignet. – Holz ähnlich der Schwarzerle, etwas heller und von geringerem Wert. In Tirol ist es verboten, vom 1. Dezember bis 30. Mai mehr als fünf höchstens fünfzig Zentimeter lange Erlenzweige zu entnehmen oder zu befördern. – Holzbau: Schwarzerlen-Typ.

Verbreitung: Europa, Kaukasus.

Grauerle • Weißerle

Grünerle

Alnus viridis (CHAIX) DC.

Strauch mit niederliegenden, bis 3 m hoch aufsteigenden Stämmen. Rinde glatt, dunkelaschgrau mit bräunlichen Korkwülsten; großes Stockausschlagvermögen. – Blätter wechselständig, ähnlich der Grauerle, jedoch nur halb so groß, eiförmig bis elliptisch, mit breit keilförmigem bis schwach herzförmigem Grund, grob bis doppeltgesägt, oben dunkelgrün, unten heller, kahl, in den Nervenachseln behaart, 5–10 Seitennervenpaare. – Einhäusig, weibliche Kätzchen zu zwei bis drei, ungestielt, dick, treten schon im Sommer des Vorjahres auf; Deckschuppen klebrig, zuerst grünlich, dann violettbraun; männliche Kätzchen klein, langgestielt, klebrig; Zäpfchen kleiner und heller als bei der Schwarzerle, bis 1,5 cm lang, verbleiben über den Winter. – Blütezeit je nach Standort: April–Juni. – Nüßchen flach, ähnlich breitgeflügelt wie der Birkensame. – Keimblätter dreilappig, am Rande bewimpert.
Höchststeigendes Laubgehölz der Ostalpen. Schutzgehölz gegen Lawinen und Steinschlag. Oft in undurchdringlichen Beständen auf feuchten, eher kalkarmen Hängen, auf schattigen Nordhängen, in Schneerunsen und Lawinengängen in der subalpinen Stufe; bis über 2000 m. Die Latsche hingegen siedelt auf trockenen Standorten; auch im Alpenvorland als eiszeitliches Relikt, z. B. in den Laubmischwäldern in der Umgebung von Graz und in der Oststeiermark. Die Grünerle ist in Oberösterreich teilweise geschützt. –Holzbau: Schwarzerlen-Typ, jedoch keine zusammengesetzten, sondern nur breite Holzstrahlen.
Verbreitung: europäische Gebirge.

Grünerle

Schwarzerle

Alnus glutinosa (L.) GAERTN.

Selten über 30 m hoher Baum, der bis 120 Jahre alt werden kann; durch niederwaldartige Bewirtschaftung gewöhnlich strauchförmig. Tief- und Intensivwurzler; sehr ausschlagfreudig, ohne Wurzelbrut; im Alter mit schwarzbrauner Tafelborke. – Blätter verkehrt eiförmig, oben meist eingebuchtet, mit keilförmigem Grund, grob doppeltgezähnt, kahl ,Oberseite etwas glänzend, dunkelgrün, Unterseite heller und in den Nervenwinkeln rostfarbig behaart; fünf bis acht Nervenpaare; Blüten ähnlich der Grauerle; Zäpfchen größer als bei der Grauerle. Blütezeit: März–April, vor Laubausbruch. Nüßchen glänzend braun, gleichfarbig, flach, rundlich bis fünfeckig, mit sehr schmalen Flügelrändern; Keimblätter eirund, linsengroß, ganzrandig, gestielt; nur ein Jahr keimfähig.

In Auen und auf staunassen Böden, in Bruchwäldern und an Bachufern als guter Uferschutz; erträgt von allen einheimischen Bäumen die höchste Bodennässe; Grundwasserzeiger; wärmeliebend, bis 900 m.

Durch die Symbiose der Erlenwurzeln mit stickstoffbindenden Mykorrhizapilzen tragen sie zur Stickstoffanreicherung im Boden bei und eignen sich ausgezeichnet als „Ammenpflanzen“ auf Rohböden, Halden und Rutschhängen, zur Uferbegrünung und zur Aufforstung in Rauchschadensgebieten. – Außer Pollen liefern sie im Frühjahr für die Bienen den gelblichen Kittharz. – Holzbau: Schwarzerlen-Typ: sehr ähnlich dem Buchen-Typ, jedoch statt der Tracheiden ein Grundgewebe aus langgestreckten Fasertracheiden; Gefäße zerstreutporig und vielfach durchbrochen; Holzparenchym nur sehr spärlich. Auffallend sind die zusammengesetzten Holzstrahlen („Scheinstrahlen“), die aus schmalen Strahlen bestehen, die vom benachbarten Strahl nur durch wenige Tracheiden getrennt sind, so daß der Eindruck eines scheinbar breiten Strahles entsteht; solche Strahlen kommen bei einheimischen Hölzern nur noch bei der Haselnuß und der Hainbuche vor. Die Erlenknospenmotte *(Coleophora fuscedinella)* legt ihre Eier nahe der Knospe oder in den äußersten Blättern der Erlen ab. Die Raupe frißt Minen in die Blätter.

Verbreitung: Europa bis Kaukasus und Sibirien, Nordafrika.

Schwarzerle

Buche, Rotbuche

Fagus sylvatica L.

Bis 30 m hoher Baum, durch Stockausschläge an der Waldgrenze bisweilen strauchförmig; kann bei einem Alter von 300 Jahren bis 45 m hoch werden. Im Freistand tief beastet, im Bestand mit geradem Stamm und breiter Krone. Rinde grau bis weißgrau, nur ausnahmsweise eine echte Borke bildend, kräftiges Herzwurzelsystem vorhanden. – Blätter wechselständig, regelmäßig zweizeilig, spitzeiförmig, mit schwach gewelltem, entfernt gezähntem Rand, Oberseite dunkelgrün, glänzend, Unterseite heller, im Herbst braunrot bis gelbrot (daher der Name: Rotbuche) – Blüten einhäusig, weibliche Blüten zu zweit in aufrechten gestielten Köpfchen mit rötlichen Narben; männliche Blüten rötliche bis gelbliche Kätzchen an langen Stielen. Blütezeit: Mai. Früchte: Buchecker, scharf dreikantig, derbwandig, glänzend, rotbraun, einsamig in einem 2–3spaltigen, weichstacheligen, holzigen Fruchtbecher, die nur bis zum nächsten Frühjahr keimfähig bleiben. Die Bucheckern können zu leicht giftigen Reizungen führen.– Keimblätter groß, nierenförmig („Elephantenohren"), ledrig, Oberseite glänzend grün, Unterseite weißlich, ganzrandig, am Rande gewellt.

Anspruchsvoller Baum auf kalkreichen und kalkarmen frischen Böden, verlangt feucht-mildes Klima, spätfrostempfindlich, von der Hügel- bis zur Bergstufe in 1500 m; beigemischt oder allein waldbildend; wasserstauende Böden und Böden mit hochanstehendem Grundwasser meidend; bevorzugt an den feuchteren Randalpen verbreitet; erst im feuchteren Atlantikum vor über 4000 Jahren eingewandert. Wegen des leicht zersetzlichen Laubes als „Mutter des Waldes" bezeichnet; empfindlich gegen Hitze und gegen Bodenverdichtung; leidet bei Freistellung unter Rindenbrand. Same zur Ölgewinnung verwendet, früher zur Schweinemast eingesetzt. – Blätter manchmal mit spitzeiförmigen Buchgallen (von *Mikiola fagi).* Die Larven des im April– Mai oft massenhaft auftretenden, sehr kleinen Buchspringrüßlers *(Orchestes fagi)* fressen in den Blättern, deren Braunverfärbung an Spätfrostschäden erinnert. Alte Bäume sind gelegentlich vom echten Zunderschwamm *(Fomes fomentarius)* oder vom Falschen Zunderschwamm *(Phellinus igniarius)* befallen.

Holz rötlichweiß mit sehr breiten Holzstrahlen; fallweise mit einem rotbraunen „Falschkern"; schwer, hart, zäh, leicht spaltbar; für Möbelindustrie, Sperrholz, Parkett; aus dem Buchenholz wird durch trockene Destillation der Buchenteer gewonnen; wichtig für die Holzkohlenerzeugung und einstens für die Glas- und Erzverhüttung der wichtigste Energieträger. Das Wort „Buchstabe" kommt von

„Stäben aus Buche“, aus denen unsere Vorfahren ihre Schriftzeichen (Runen) hergestellt haben; auch das Wort „Buch“ stammt von „Buche“ ab.
Holzbau: Buchen-Bautyp: Gefäße zerstreutporig (mikropor) angeordnet, vielfach oder einfach durchbrochen; Grundgewebe wie bei den Nadelhölzern aus Tracheiden; Holzparenchym nur vereinzelt, Holzstrahlen der Buche auffallend breit. Zahlreiche Farbvarietäten wie z. B. die Blutbuche und Zierformen.
Verbreitung: Mitteleuropa und Kaukasus.

Flaumeiche

Quercus pubescens WILLD. (=Q. lanuginosa)

Kleiner bis mittelgroßer Baum, bis 20 m hoch; durch Stockausschlag oft nur ein knorriger Großstrauch; Blätter formenreich, langgestielt, meist tiefgeteilt. Lappen oft gezähnt oder seicht gelappt; in der Jugend beiderseits filzig, älter oberseits stumpf-dunkelgrün, meist kahl, Unterseite hellgrün, dicht flaumhaarig, zuletzt fast kahl; Stiel filzig. – Eicheln kleiner als bei der Traubeneiche und schlanker; Fruchtbecher flaumhaarig, Schuppen den Becherrand überragend. Blütezeit: Mai, später als die Traubeneiche.
Bevorzugt trockene, sonnige Kalkstandorte, wo meist Eichenbuschwälder auftreten; nacheiszeitlich aus Südeuropa eingewandert, ist die Flaumeiche in Österreich als Reliktart in Südkärnten, im pannonisch beeinflußten Burgenland, in Niederösterreich und in der Steiermark bei Graz und Weiz anzutreffen. Die Flaumeiche ist nach der Roten Liste in Tirol, Kärnten, der Steiermark, Niederösterreich und im Burgenland regional gefährdet.
Verbreitung: Südeuropa bis Kleinasien.

Flaumeiche

Stieleiche

Quercus robur L. (Q. pedunculata)

Mächtiger Baum von 30 bis 50 m Höhe und einem Alter von 500 bis 800 Jahren. – Stamm im Bestand walzenförmig, im Freistand kurz- und dickschäftig, breitkronig, mit knorrigen Ästen. – Rinde silbergrau glänzend, im Alter aufreißend; Borke tieflängsrissig, graubraun. – Starke Pfahlwurzel, später kräftige Herzwurzeln; stockausschlagfähig, treibt fast jährlich „Johannistriebe". – Blätter wechselständig, in Büscheln, kurzgestielt, derb, mit an jeder Seite abgerundeten, ganzrandigen, unregelmäßigen vier bis fünf Lappen, mit herzförmig zweilappigem, oft geöhrtem, meist ungleichem Grund; untere Blatthälfte schmäler als die obere; Blattnerven endigen teilweise in den Einbuchtungen; Oberseite tiefgrün, Unterseite hell bläulichgrün. – Blüten einhäusig; männliche Kätzchen grünlich, am Grunde neuer Triebe hängend, an dünner Achse zahlreiche Blütenknäuel; weibliche Blüten knöpfchenförmig, rot, meist zu zwei bis fünf auf gemeinsamen langen Stielchen, mit drei Narben. – Blütezeit je nach Lage: April–Juni. – Eicheln (Früchte) walzenförmig, in napfförmigen, schuppigen Bechern, langgestielt (daher der Name), zu einer bis drei, jung grün, reif hellbraun, größter Durchmesser in der Mitte oder über der Mitte. Mannbar ab 50 Jahren und später; Samenjahre alle zwei bis sieben Jahre mit Vollmasten; Samen bis sechs Monate keimfähig. – Keimung unterirdisch.

Bestandsbildend in Laubmischwäldern des Hügellandes, in Auenwäldern, an sonnigen Standorten bis 1000 m; erträgt größere Temperaturextreme als die Traubeneiche; bevorzugt mineralreiche, frische, tiefgründige Böden; sturmfest; häufig mit Frostrissen am Stamm.

Symbol der Stärke und Kraft („deutsche Eiche"), nach der viele Orts- und Flurnamen benannt sind. Durch das Eichensterben, das verschiedene Ursachen hat, bedroht. Im pannonisch beeinflußten Raum (Burgenland, Niederösterreich) starker Befall durch die Eichenriemenmistel *(Loranthus europaeus)*, einer sommergrünen Mistel, die in der Steiermark nur in der Südoststeiermark (auch auf Edelkastanien) vorkommt. – Im Holz entwickeln sich die Larven (6 Jahre) des bereits selten gewordenen Hirschkäfers. Mit „Eichen sollst du weichen" weist ein Sprichwort auf den Blitz hin, der in Eichen, aber ebenso in andere Bäume einschlägt. Bei Massenauftritt des Eichenprozessionsspinners *(Thaumatopoea processionea)* werden ganze Wälder kahlgefressen. – Zahlreiche napf- und kugelige Gallenbildungen, ebenso Knoppernbildung (gerbstoffreich) durch Gallwespen. – Eicheln als gute Wildnahrung für Schalenwild, für Vögel (Eichelhäher); früher zur Schweinemast; in Notzeiten als Kaffee-

Ersatz. – Eichenrinde wurde wegen des hohen Gerbstoffgehalts in der Gerberei verwendet und in der Volksmedizin für Absude. – Pollentracht zur Blütezeit und Honigtau im Sommer. – Holz mit schmalem, gelblichweißem Splint und gelbraunem bis schwärzlichbraunem Kern; schwer, hart, zäh, dauerhaft, besonders unter Wasser; wertvolles Nutzholz für Furniere und als Bau- und Möbelholz. – Holzbau: Stieleichen-Typ: Gefäße ringporig (zyklopor) angeordnet, einfach durchbrochen. Grundgewebe aus Tracheiden und toten Holzfaserkomplexen. Parenchym einzeln, in Teilscheiden um die Gefäße; sehr breite Holzstrahlen bei den Eichenarten.

In der Südoststeiermark steht in Bierbaum (Bezirk Fürstenfeld) eine 1000jährige Eiche („Kudlich-Eiche“) mit über 7 m Umfang unter Naturschutz (Naturdenkmal). Die Eichelau an der Enns in Admont mit ebenfalls alten Eichen wurde als geschützter Landschaftsteil ausgewiesen.

Verbreitung: Europa, Nordafrika, Kleinasien.

Traubeneiche

Quercus petraea (MATT.) LIEBL. (= Q. sessiliflora)

Schlanker als die Stieleiche, bis 40 m hoch, 500–800 Jahre alt; Blätter gleichmäßig über den Zweig verteilt; lang gestielt, mit abgestutztem bis keilförmigem Grund, regelmäßig gelappt, mit fünf bis sieben Lappen an jeder Seite; Blattnerven endigen meist nur in den Ausbuchtungen; Oberseite glänzend dunkelgrün, Unterseite mattgrün. – Blüten ähnlich der Stieleiche, weibliche Blüten jedoch sitzend oder kurzgestielt und daher dichtgedrängt, Blütezeit etwa zwei Wochen später als bei der Stieleiche. – Eicheln meist kürzer und gedrungener als bei der Stieleiche, fast ungestielt, meist zu dritt, manchmal bis zu siebentraubig gehäuft (daher der Name); größerer Durchmesser im unteren Drittel.
Weniger anspruchsvoll als die Stieleiche, waldbildender Baum des Hügellandes; auf Lehmböden, oft gemeinsam mit der Kiefer und im steirischen Alpenvorland mit der Edelkastanie; scheut Grundwasser; sonnig bis in 1000 m Höhe. Holzbau: Stieleichen-Typ.
Verbreitung: Europa bis Kleinasien.

Zerreiche

Quercus cerris L.

Baum von der Höhe der Stiel- oder Traubeneiche; 200 Jahre alt; Borke graubraun und längsrissig mit roten Streifen dazwischen; Blätter sehr formenreich, lederartig steif, meist schmallänglich, spitzlappig, Oberseite dunkelgrün, Unterseite hellgrün und behaart; lange, fadenförmige Nebenblätter, die sehr lange am Blattgrund verbleiben; im Herbst gelbbraun; Eicheln dunkelbraun von zottig behaartem Fruchtbecher, durch hervortretende Streifung uneben anzufühlen.
Wärmebedürftiger Baum, in Südeuropa beheimatet; kalkmeidend bis bodenvag; in Österreich nur in Niederösterreich, häufiger im Burgenland und vereinzelt in der Steiermark.
Verbreitung: Südeuropa, Kleinasien.
Wo die Arten gemeinsam vorkommen, treten Kreuzungen auf; in Parkanlagen zahlreiche Zierformen, oft in Säulenform.

Traubeneiche

Zerreiche

Edelkastanie, Baumkesten, Marone

Castanea sativa MILL.

Kräftiger, knorrig verzweigter Baum, kann bis 7 m Umfang erreichen, bis 30 m hoch und bis 1000 Jahre alt werden; anfangs mit Pfahlwurzel, die später durch kräftige Seitenwurzeln verstärkt werden. – Rinde olivbraun, glatt, älter bräunlichgrau; eine netzförmig, längsrissige Borke. – Blätter wechselständig, zweizeilig, kurz gestielt, groß, bis 25 cm lang, länglich, lanzettlich, mit abgerundetem bis schwach herzförmigem Grund, am Rande buchtig gezähnt und stachelspitzig; mit oft sichelförmig einwärtsgebogenen Zähnen; Oberseite glänzend, sattgrün, Unterseite zuerst filzig, später kahl, matt blaßgrün, 15–20 Nervenpaare, die wie die gelbliche Mittelrippe unterseits hervortreten. – Blüten einhäusig; weibliche Kätzchen als kleine Blütenknäuel oder am Grunde männlicher Blütenkätzchen, umgeben von grüner, vielschuppiger Hülle; Narben weißlich; männliche als gelbliche Knäuel in anfangs aufrechten, perlschnurartigen Kätzchen; Blüten mit intensivem Duft. Blütezeit: Mai–Juni–Juli. – Samen, Marone braun glänzend, lederig, einsamig, am Scheitel anliegend seidenhaarig, mit vertrockneten Blumenkron- und Narbenresten; zu eins bis drei in einem anfangs grünen, später bräunlich-gelben bis faustgroßen, mit vier Klappen aufspringenden, außen weichstacheligen Fruchtbecher. – Keimblätter dick, fleischig gefaltet.

Baum aus dem Mittelmeergebiet, der in unseren Breiten das milde Weinbauklima bevorzugt; womöglich erst mit dem Weinbau durch die Römer zu uns gekommen; saure Böden; beigemischt in Laub- und Eichen-Kiefern-Wäldern, an Waldrändern oder in Baumgruppen; bis über 1000 m; früher wegen des großen Ausschlagvermögens und der Wurzelbrutbildung im Niederwaldbetrieb zur Gewinnung von Gerbrinde gepflanzt; gebratene Kastanien werden im Herbst mit Vorliebe zu gärendem Wein (Sturm) gegessen. – Gute Nektar- und Pollentracht für den etwas bitter schmeckenden Kastanienhonig. – Bedroht durch den Kastanienrindenkrebs *(Endothia parasitica)*, der aus Asien stammt und 1938 über Nordamerika nach Europa gelangte, wo er bereits schwere Schäden in Italien, Südfrankreich und der Schweiz angerichtet hat; inzwischen auch in Österreich, vor allem in der Steiermark und im Burgenland. Es gibt bereits resistente Sorten, die auch in der Steiermark dringend angepflanzt werden müßten, um diesen Charakterbaum des Weinbaugebietes zu erhalten.

Holz mit sehr schalem gelblichem Splint und dunkelbraunem Kern, dem Eichenholz ähnlich, jedoch mit sehr schmalen (nicht sichtbaren) Holzstrahlen; wertvolles Holz als Bau- und Möbelholz, früher

häufig für Rebpfähle. – Holzbau: Edelkastanien-Typ: Gefäße ringporig (zyklopor), meist einfach durchbrochen, von Tracheiden und Faserscheiden umgeben; Parenchym nur in Einzelsträngen; Holzstrahlen nur eine Zelle breit im Querschnitt.
Verbreitung: Südeuropa, Nordafrika, Kleinasien.

Buchsbaum

Buxus sempervirens L.

Immergrüner, meist buschiger Strauch, große Ausschlagsfähigkeit. – Tiefwurzler, bisweilen baumartig, sehr langsam wüchsig, oft nur bis 0,5 m stark, bis 8 m hoch und 400–500 Jahre alt. – Zweige vierkantig, Rinde feinrissig, später in dünnen Schichten ablösend, gelbbraun. – Blätter gegenständig, klein, immergrün, lederig, elliptisch, mit glänzender dunkelgrüner Ober- und hellgrüner Unterseite. Mittelrippe auf der Oberseite eingesenkt, auf der Unterseite mit weißlicher Färbung scharf hervortretend. – Blüten einhäusig, klein, gelblichweiß, in dichten Knäueln, weibliche Blüte umgeben von männlichen Blüten. – Früchte harte, dreihörnige, reif schwarzbraune Kapseln, jedes Horn enthält zwei dunkelbraune Samen.
Halbschattenpflanze im Waldunterwuchs; Blätter giftig; sehr langsam wachsendes Drechslerholz; Holz hellgelb; Holzbau: Buchen-Typ.
In Österreich spontan nur im oberösterreichischen Ennstal bei Taxenbach und in Salzburg bei Unken. – Verträgt den Schnitt gut, daher beliebte Pflanze in Gärten schon seit der Römerzeit, vor allem wichtiges Element der Barockgärten. – In Bauerngärten kultiviert; Zweige dienen zum Niedersegnen der Toten. Der Buchsbaum ist in Österreich gefährdet (Gefährdungsstufe 3). In Oberösterreich ist der Buchsbaum vollkommen geschützt.
Beheimatet in Südeuropa, Nordafrika und Kleinasien.

Buchsbaum

Efeu

Hedera helix L.

Immergrüner Strauch mit dünnem, verzweigtem Stamm; kriechend am Boden oder kletternd, bis 20 m hoch, mit Haftwurzeln an Baumstämmen, kein Schmarotzer! Auf Felsen oder Mauern; sehr langsamwüchsig; wird sehr alt; bei einem Durchmesser von 10 cm oft mehrere hundert Jahre alt. – Blätter immergrün, bis drei Jahre verbleibend, sehr vielgestaltig, langgestielt, kahl, lederartig, ganzrandig, oberseits glänzend dunkelgrün, oft weiß geadert, unterseits matt hellgrün; an Langtrieben spitz drei- bis fünflappig mit herzförmigem Grund, an Blütentrieben eirautenförmig, nicht gelappt, im Winter oft schmutzigbraunrötlich. – Blüten in dichten, halbkugeligen Dolden, klein, gelblichgrün oder weißlich; reichliche Nektarabsonderung, daher zahlreicher Insektenbesuch; blüht spät im Oktober–November. – Beeren blauschwarz, kugelig, erbsengroß, mit meist fünf einsamigen Kernen, die erst im zweiten Jahr reifen.
In schattigen Wäldern, auf steinigem, humosem, kalkhältigem Boden; auch auf Lehmböden; frostempfindlich; bis über 1000 m Höhe. Überwuchert an schattigen Standorten oft Baumkronen und beeinträchtigt dadurch ihr Wachstum. Blätter und Beeren giftig; Holz grünlichgelb bis bräunlich. – Holzbau: Kreuzdorn-Typ mit lebenden Holzfasern.
Verbreitung: Europa bis Kaukasus (Schottland bis Spanien).

Efeu

Alpenheckenkirsche

Lonicera alpigena L.

Bis 2 m hoher Strauch, Zweige mit gelblichgrauer, längsrissiger, sich in Streifen ablösender Borke. – Blätter gegenständig, groß, kurzgestielt elliptisch bis länglich, schief zugespitzt, am Grunde abgerundet, ganzrandig, am Rande mit Wimpern, oberseits dunkelgrün, unterseits heller, glänzend. – Blüten paarweise, deutlich zweilippig, trüb-braunrot. Blütezeit: Mai–Juli. – Große Doppelbeeren, fast vollkommen verwachsen, mit schwarzen Griffelresten, glänzend kirschrot; giftig.
In krautreichen Buchen- und Bergmischwäldern, in Schluchten, auf Holzschlägen; besonders auf Kalkstandorten; bis in 2000 m.
Verbreitung: Pyrenäen, Alpen, Apennin, Karpaten, Balkan.

Blaue Heckenkirsche

Lonicera caerulea L.

Kleiner, bis 2 m hoher Strauch; Zweige rotbraun mit sich streifenweise ablösender Borke. – Blätter gegenständig, elliptisch, verkehrteiförmig, ganzrandig, unterseits bläulichgrün, oft mit verwachsenen Nebenblättern, im Alter meist kahl. – Blüten paarweise, Blattachseln gelblichweiß, auf sehr kurzem Stiel, mehr oder weniger hängend. Blütezeit: Mai–Juli. – Fruchtknoten eines jeden Blütenpaares vollständig miteinander verwachsen. Beeren kugelig, schwarz, blaubereift, giftig.
An felsigen Stellen, im Latschen-, Grünerlen- und Alpenrosengebüsch; auf sauren Rohhumus-Böden; von 800 bis 2000 m.
Verbreitung: nördliche Halbkugel.

Blaue Heckenkirsche

Alpenheckenkirsche

Echtes Geißblatt, Jelängerjelieber

Lonicera caprifolium L.

Bis 4 m hohe, rechtswindende Schlingpflanze. – Laubblätter kurzgestielt, elliptisch oder verkehrt eiförmig, kahl, unterseits blaugrün, die oberen Blätter eines jeden Zweiges sind am Grunde paarweise kurz verbunden und die obersten sind oval oder kreisrund und von von einem Sproß durchwachsen. – Blüten sechs, dem obersten Blattpaar unmittelbar aufsitzend, Blumenkrone zuerst weiß, rötlich überlaufen und später gelb, besonders in den Abendstunden stark duftend. Blütezeit: Mai–Juni. – Beeren korallenrot, frei, einfächrig, vom Kelchsaum gekrönt; giftig.

In Hecken und Gebüschen; wärmeliebend, meist auf kalkhältigen Standorten und Lehmböden. – Holzbau: Buchen-Typ. In Gärten wegen der schönen, wohlriechenden Blüten kultiviert. – In Tirol, der Steiermark, Niederösterreich und im Burgenland gefährdet (Gefährdungsstufe 3).

Verbreitung: Mittel- und Westeuropa von Frankreich bis Kaukasus und Kleinasien. Das verwandte Deutsche Geißblatt *(Lonicera periclymenum)*, das keine verwachsenen Blätter aufweist und in Österreich nur in Vorarlberg spontan verbreitet war, ist bereits ausgestorben beziehungsweise verschollen oder ausgerottet worden.

Echtes Geißblatt

Rote Heckenkirsche

Lonicera xylosteum L.

Ästiger, bis 2 m hoher Strauch. – Zweige hohl, mit braunem Markrand, Rinde graubraun, längsrissig. Blätter gegenständig, breiteiförmig, meist spitz, abgerundet, weich, ganzrandig, am Rande gewimpert, oberseits graugrün, unterseits heller, auf beiden Seiten flaumig. – Blüten zwei in Blattachseln auf kurzem gemeinsamem, flaumhaarigem Stiel. Blütezeit: Mai–Juni. Fruchtknoten jedes Blütenpaares ganz frei oder nur am Grunde verwachsen. – Blumenkrone anfangs weiß, später blaßgelb, außen und innen behaart. – Beeren kaum erbsengroß, glasartig, glänzend, hell scharlachrot, vom Kelchsaum nicht gekrönt; giftig.
In Gebüschen, Hecken, Waldrändern, auf kalkhaltigen Böden, in lichten Wäldern, von der Ebene bis 1700 m. – Holzbau: Buchen-Typ.
Verbreitung: fast ganz Europa, Kaukasus, Sibirien, Amurgebiet.

Schwarze Heckenkirsche

Lonicera nigra L.

Bis höchstens 2 m hoher Strauch. – Zweige graubraun. – Blätter gegenständig, kurz gestielt, elliptisch bis eilänglich, stumpflich bis spitz, gegen den Grund kurz verschmälert, ganzrandig, oberseits lebhaft, grün und fast kahl, unterseits graugrün, zerstreut behaart bis kahl. – Blüten paarweise miteinander verwachsen, flaumhaarig gestielt, rötlich-weiß, meist etwas trüb-purpurn überlaufen. Blütezeit: April–Juni. – Beeren groß, glänzend, blauschwarz, paarweise hängend, meist ungleich groß; giftig.
Als Unterholz in krautreichen, kalkarmen Bergmischwäldern bis in die Latschenregion; bis 1900 m.
Verbreitung: Mitteleuropa bis Serbien.

Rote Heckenkirsche

Roter Holunder, Traubenholunder

Sambucus racemosa L.

Bis 5 m hoher Strauch mit weitstreichendem Wurzelwerk, reichlich Wurzelbrut und Stockausschlag. – Blätter gegenständig, mit meist fünf Fiederblättchen, die kleiner und schmäler als beim Schwarzen Holunder sind, kurz gestielt, eilanzettlich, meist lang zugespitzt, grob und scharf gesägt. – Blüten in dichten, aufrechten eiförmigen Rispen, sehr klein, grüngelb; Blütezeit: April–Mai. – Steinbeeren leuchtend korallenrot. Samen gelbbraun, flach.

Häufig auf Waldlichtungen, auf Schlägen, an Wegrändern; besonders in der Buchenstufe; auf nährstoffreichen, meist kalkarmen Lehmböden; Stickstoffanzeiger: bis in 1800 m. Schon vegetativ gut am rotbraunen Mark zum Unterschied vom weißen Mark des Schwarzen Holunders erkennbar. – Die roten Beeren sind ungenießbar, jedoch als Saft gekocht genießbar. – Beeren beliebte Vogelnahrung. – Die Rinde wird im Winter gerne vom Rehwild geschält. Knospen und Triebe gelten als gute Wildäsung. Holzbau: Kreuzdorn-Typ.

Verbreitung: Europa, Kleinasien bis Nordchina.

Roter Holunder
Traubenholunder

Schwarzer Holunder, Holler

Sambucus nigra L.

Raschwüchsiger Strauch oder kleiner Baum, der bis 7 m hoch werden kann; sehr ausschlagfähig; Borke hellgrau, mit Rindenporen, tiefrissig; Bewurzelung flach. – Blätter gegenständig, meist mit fünf fest sitzenden Fiederblättchen, elliptisch, zugespitzt, dünn, grob und scharf gesägt, glanzlos, oberseits dunkelgrün, unterseits heller; Endblättchen größer als die seitlichen. – Blüten in großen fünfstrahligen, vielblütigen, endständigen Ebensträußen, anfangs aufrecht, Blüten klein, kugelig, dunkelrot gestielt, reif glänzend schwarz, mit blutrotem Saft und kleinen Kernen.

Häufiger Strauch, auf frischen, stickstoffreichen (Stickstoffanzeiger) Böden; als Pionier auf Waldschlägen, in Waldverlichtungen, in Hecken, auf Schuttplätzen, auch in Siedlungen, besonders in Robinienbeständen; vom Hügelland bis in 1200 m Höhe. Beeren als gute Vogelnahrung; die Blütenstände werden in Teig getaucht, im heißen Fett herausgebacken und als „Hollerkrapfen" (oder „Hollerstrauben") gegessen. Die Beeren, die Vitamin C enthalten, werden zur Saft-, Gelee-, Wein- und Schnapsbereitung verwendet; auch als natürliches Farbmittel geeignet. Junge Zweige, aus denen das weiße Mark entfernt wurde, werden als Knallbüchsen und Wasserspritzen verwendet. Das Holz ist gelblichweiß, ohne Kernverfärbung, fest, mit einem weißen Markkörper. Holzbau: Kreuzdorn-Typ.

Verbreitung: Europa, Kaukasus, Kleinasien, Armenien.

Schwarzer Holunder
Holler

Gewöhnlicher Schneeball, Reiterbeere

Viburnum opulus L.

Strauch bis 5 m hoch; Rinde gelblichgrau, längsrissig; flachstreichende Bewurzelung; Stockausschlag und Wurzelbrut. – Blätter gegenständig, ahornblattähnlich, jedoch mit borstenförmigen Nebenblättern am Stielgrund; drei-, auch fünflappig, meist am Grunde abgerundet oder schwach herzförmig, unregelmäßig gezähnt, oberseits lichtgrün, kahl, unterseits graugrün und behaart; Blattstiel oberseits rinnig mit großen Drüsen; rötliche Herbstverfärbung. – Blüten in lockeren, schirmförmigen, endständigen Ebensträußen, weiß, fünflappig; Randblüten groß und unfruchtbar, innere Blüten klein, zwittrig; Blütezeit: Mai. – Früchte erbsengroße Steinbeeren, rundlich-eiförmig, glänzend rot, mit einsamigem Steinkern.
Meist Feuchtanzeiger; häufig im Auenwald, Auengebüsch, an sonnigen Wald- und Bachrändern. Beeren, Blatt und Rinde sind giftig. Das Fruchtfleisch hat einen eigentümlichen Geruch; Beeren werden von den Vögeln nicht gefressen. Das Holz hat einen rötlichweißen Splint und einen gelbbraunen Kern. – Holzbau: Buchen-Typ.
In Kultur ist häufig die unfruchtbare Form mit den kugeligen weißen Blütenständen, die nur aus unfruchtbaren Schaublüten bestehen.
Verbreitung: Europa, Nordafrika.

Wolliger Schneeball

Viburnum lantana L.

Bis 4 m hoher, raschwüchsiger, ausschlagfähiger Strauch; Knospen ohne Knospenschutz; Rinde rauh, älter längsrissig, graubraun, korkig. – Blätter gegenständig, gestielt, dicklich, weich, breit-elliptisch, am Grunde abgerundet oder herzförmig, gekerbt gesägt, oberseits runzelig, dunkelgrün, unterseits und am Stiel dicht graufilzig. – Blüten in dichten, gewölbten, endständigen Trugdolden, weiß, klein und zwittrig, fünfteilig, wohlriechend. – Früchte schwarze Steinbeeren, eiförmig, etwas breitgedrückt, zuerst rot, dann schwarz, vom Kelchrand gekrönt, mit flachem Steinkern.
An sonnigen Waldrändern, in lichten Laubwäldern, in Hecken; liebt sonnige Kalkstandorte; bis in 1400 m.
Ebenfalls giftiger Strauch; die süßlich schmeckenden Beeren werden von Vögeln verbreitet; Bienenweide. Holz mit weitem Mark, im Kern gelbbraun. – Holzbau: Buchen-Typ.
Verbreitung: Europa, Kleinasien.

Wolliger Schneeball

Gewöhnlicher Schneeball • Reiterbeere

Alpenrebe

Clematis alpina (L.) MILL.

Die einzige Liane der Alpen; 1–2 m lange Schlingpflanze. – Blätter gegenständig, doppelt dreischnittig, langgestielt. – Blüten einzeln, achselständig an langen Stielen. Blütenblätter vier- oder fünfglockig. Zusammenneigend, groß, prächtig hellblau bis violett; Nektarblätter bis zwölf, weißfilzig, spatelförmig, um die Hälfte kürzer als die Kronblätter; Staubblätter zahlreich. Nüßchen klein, mit bis zu 3 cm langem, federig abstehend behaartem Griffel. Blütezeit von Mai bis Juli.

In lichten Wäldern, auf Schutthalden, oft Latschen überziehend, in Zirben- und Fichtenwäldern und Alpenrosenbeständen, auf basischen bis mäßig sauren Böden von 1000 bis 2300 m. Die Alpenrebe ist in der Steiermark und in Tirol teilweise und in Vorarlberg vollkommen geschützt. Alle Pflanzenteile sind giftig.

Verbreitung: von Pyrenäen, Apennin, Alpen bis in die Karpaten und die nördliche Balkanhalbinsel.

Waldrebe, Lierach

Clematis vitalba L.

Kletterstrauch mit kantigem braunem Sproß, kann bis 6 m hochklettern, Sprosse bis 3 cm Durchmesser. – Borke längsfaserig. – Blätter gegenständig, unpaarig gefiedert, mit drei bis fünf langgestielten Blättchen, nerzförmig, grob gezähnt, oberseits dunkel, unterseits hellgrün; Blattstiele rankend. – Blüten blattwinkel- oder endständig, in reichblütigen Trugdolden, schwach weißdornähnlich riechend, lang gestielt, mit beiderseits weißfilzigen milchigweißen oder grünlichen Blütenblättern und zahlreichen Staubgefäßen; Nektarblätter fehlen. Nüßchen klein, rotbraun, federig, langgeschwänzt, in lockeren schmutzigweißen Köpfchen; Blütezeit: Juni–September.

Häufig in feuchten Wäldern, Auen, Waldrändern, Gebüschen und Hecken bis 1400 m; Erstbegründer von Ruderalstandorten; Stickstoffanzeiger. Alle Pflanzenteile giftig. Die großen, wasserleitenden Gefäße, die fast die Hälfte des Frühholzes eines Jahresringes einnehmen, sind mit freiem Auge zu erkennen. Von Kindern als Zigarettenersatz geraucht. Holzbau: Eichen-Typ.

Verbreitung: Europa, Orient, Kaukasus.

Waldrebe • Lierach

Alpenrebe

Gelber Hartriegel, Kornelkirsche, Dirndlstrauch

Cornus mas L.

Bis 2,5 m hoher Strauch oder kleiner Baum mit rundlicher Krone. – Borke rissig, kleinschuppig, abblätternd; langsamwüchsig, großes Ausschlagvermögen. – Blätter gegenständig, gestielt, eiförmig-elliptisch, lang zugespitzt, ganzrandig, beiderseits gleichfarbig in den Aderwinkeln bärtig; gelbe Herbstverfärbung. – Blüten klein, gelb, vierzählig, in seitenständigen, von vier Hüllblättern umgebenen, kugeligen Döldchen. Blütezeit: Februar–April, vor Laubausbruch; große Steinfrüchte, oval, kirschrot, hängend, mit großem zweisamigem Kern.
Bodenvag bis etwas kalkliebend; in sonnigen Gebüschen, trockenen Laubmischwäldern, an Felshängen, von der Ebene bis in die Bergstufe (1200 m). Frühestblühender einheimischer Strauch, mit auffallenden gelben Blüten. Blattknospen zweischuppig, behaart und lanzettlich, kleiner als die kugeligen mehrschuppigen Blütenknospen. – Früher Nektar- und Pollenspender für die Bienen; säuerliche Früchte, für Marmelade geeignet. – Holz mit rötlichweißem Splint und rotbraunem, fast schwarzen Kern; schwer, sehr hart, wertvolles Drechslerholz. – Holzbau: Buchen-Typ. – Gerne als Strauch, kleiner Baum oder Hecke kultiviert.
Verbreitung: Südeuropa, Kleinasien, Armenien, Kaukasus.

Roter Hartriegel

Cornus sanguinea L.

Langsamwüchsiger, 2–4 m hoher Strauch, der selten über 30 Jahre alt wird; reichlicher Stockausschlag. – Die blutroten Zweige kommen besonders im Winter zur Geltung. – Borke graubraun, längsrissig. – Blätter gegenständig, breit-elliptisch, kurz zugespitzt, ganzrandig, am Rande wellig, unterseits heller, nicht gebärtet; Blätter ungleich groß, endständiges Blatt am größten; blutrote Herbstfärbung. – Blüten weiß, vierzählig, in langgestielten, schirmförmigen, reichblütigen Blütenständen am Ende beblätterter Triebe. Blütezeit: Mai–Juni; gelegentlich im Herbst nochmals blühend. – Steinfrüchte erbsengroß, schwarzblau mit weißen Punkten, mit zweisamigem Steinkern; bitter.
In krautigen Laubmischwäldern, Auenwäldern, an Waldrändern, Flußufern, in Gebüschen und Hecken; etwas wärmeliebend; auf

Gelber Hartriegel • Kornelkirsche • Dirndlstrauch

Roter Hartriegel

Kalk- und Lehmböden; bis 900–1000 m. – Beeren als Vogelnahrung; Nektar gelb gefärbt; mittlere Nektartracht und geringe Pollentrachtpflanze. – Holzbau: Buchen-Typ. Mehrere Arten in Kultur; als Heckenpflanze und als Schnitthecke geeignet.
Verbreitung: Europa.

Hainbuche, Weißbuche, Hagebuche

Carpinus betulus L.

Mittelgroßer Baum, normal nicht über 25 m hoch, bis 150 Jahre alt; durch niederwaldartige Bewirtschaftung oft mehrstämmig und strauchartig; Bewurzelung je nach Standort flach- bis tiefwurzelnd; Stamm spannrückig, Rinde glatt, silbergrau, meist ohne Borkenbildung. – Blätter wechselständig, regelmäßig zweizeilig angeordnet, eilänglich zugespitzt, am Grunde abgerundet bis herzförmig, scharf doppeltgesägt, oben vollgrün, kahl, unten heller und in den Blattwinkeln spärlich behaart. Goldgelbe Herbstfärbung. – Blüten einhäusig, weibliche Kätzchen locker, endständig hängend, mit roten, fadenförmigen Narben; männliche Kätzchen walzig, bleichgrün bis rötlich, hängend. Blütezeit: Mai–Juni, meist zahlreiche dreilappige Flügelfrüchte, in denen die einsamigen, zusammengedrückten, harten, gerippten Nüßchen sitzen, anfangs grün, später braun; Keimpflanzen mit kurzgestielten, verkehrt-eiförmigen, ganzrandigen, dicken Blättern, handnervig, unbehaart, unterseits weißlich, am Grunde pfeilförmig ausgeschnitten. – Samen höchstens bis zum nächsten Frühjahr keimfähig. – Knospen im Winter streng zweizeilig, vielschuppig, keine echten Endknospen.
Wichtige Baumart des Eichen-, Hainbuchenwaldes, im Hügelland wegen Brennholznutzung oft niederwaldartige Bestände, bis 1100 m; Holz hellgelblichweiß, ohne Kern, zäh, schwerstes und härtestes Holz nach dem Speierling; für Drechslerarbeiten, Wagnerei und als Brennholz. – Holzbau: Schwarzerlen-Typ; gewellte Jahresringe; zusammengesetzte Holzstrahlen vorhanden.
In Kultur: Hänge- und Säulenformen.
Verbreitung: Europa bis Persien.

Hainbuche • Weißbuche • Hagebuche

Haselnuß

Corylus avellana L.

Meist buschiger Strauch, bis 5 m hoch, seltener kleiner Baum, höchstens 60–70 Jahre alt, mit graubrauner Rinde, die waagrechte weißliche Rindenporen (Lentizellen) aufweist, keine Borke. Bewurzelung flachstreichend, großes Ausschlagvermögen; – Blätter wechselständig, zweizeilig, an kräftigen Sprossen ringsum, rundlich, mit herzförmigem Grund und kurzer Spitze, doppeltgesägt. – Blüten einhäusig, männliche Kätzchen zu zwei bis vier an Kurztrieben, hängend, Kätzchen vor Laubausbruch zwischen Februar und April blühend, erscheinen schon im Sommer des Vorjahres, weibliche Blüten zwei bis fünf in knospenartigen Hüllen, mit leuchtend roten, fadenförmigen je zwei Narben zu einem Fruchtknoten. – Die Haselnüsse (Früchte) zu zweit bis dritt, von einer becherartigen, unregelmäßig zerschlitzten Hülle umgeben, die gleich lang oder länger als die hartschaligen braunen Nüsse ist. Nüsse bleiben bis zum Frühjahr keimfähig; im Herbst gesät, keimen sie im kommenden Frühjahr. Die Keimblätter verbleiben wie bei der Eiche in der aufgesprungenen Nußschale.
Bevorzugt nährstoffreiche, frische Böden, verbreitet im Unterwuchs von Laubwäldern, an Waldrändern, ausschlagfähige Pionierpflanze, die oft buschwaldähnliche Bestände und Hecken bildet; bis in 1300 m anzutreffen. Die Hasel ist in der wärmeren, borealen Nacheiszeit (vor 8000–9000 Jahren) in die lichten Birken-Kiefern-Wälder eingewandert und hat in der nach ihr benannten Haselzeit die Vorherrschaft angetreten. – Funde aus Pfahlbauten künden von der alten Kultur der Hasel; auch von Griechen und Römern genutzt. – Samen werden von Eichhörnchen und Vögeln verbreitet; Haselnußöl aus Samen. Die Pollenproduktion eines Haselkätzchens wird auf vier Millionen Pollenkörner geschätzt; durch die frühe Blütezeit ein wichtiger Pollenspender für die Bienen. – Von der Haselnußgallmilbe *(Phytoptus avellanae)* befallene Knospen vertrocknen. Holz rötlichweiß, zäh, elastisch, biegsam; für Stöcke geeignet; früher zum Dachdecken verwendet. – In Tirol ist es verboten, vom 1. Dezember bis 30. Mai mehr als fünf, höchstens fünfzig Zentimeter lange Haßelnußsträucher zu entnehmen und zu befördern.- Holzbau: Schwarzerlen-Typ; zusammengesetzte „Schein-" oder Verbundstrahlen vorhanden. In Kultur häufig die Bluthasel, eine Varietät der gewöhnlichen Haselnuß.
Verbreitung: Europa bis Himalaja.

Haselnuß

Hopfenbuche

Ostrya carpinifolia SCOP.

Kleiner Baum, bis 10 m hoch; kaum über 100 Jahre alt; durch Stockausschlag sehr oft nur strauchförmig. – Rinde graubraun. Borke dunkelbraun, kleintafelig. – Mit tiefer und weit streichender Bewurzelung. Junge Zweige teilweise behaart. – Blätter eiförmig, zugespitzt, unter der Mitte am breitesten, am Grunde fast herzförmig, scharf doppeltgesägt, oberseits dunkelgrün, unterseits hellgrün; jung gefaltet, erinnert an das Hainbuchenblatt; Blatthälften oft wie bei Ulmen ungleich. – Einhäusig; männliche Kätzchen erscheinen schon im Sommer des Vorjahres; weibliche Blüten länger. Blütezeit: Mai. – Fruchtstand erinnert an den Hopfen. Samen in einer aufgeblasenen behaarten Fruchthülle, die durch Verwachsen der beiden Vorblätter mit dem Tragblatt hervorgegangen ist. – Nüßchen glänzend, eiförmig, schwach gerippt.

Baum Süd- und Südosteuropas; nach Österreich in einer nacheiszeitlichen Wärmeperiode eingewandert und in der Steiermark in der Weizklamm (östlich von Graz), auf etwa 600 m, überwiegend als Stockausschläge (steinschlagbedingt), erhalten geblieben; weiters im südlichen Kärnten und in der Sollsteinkette bei Innsbruck, wo sie außerdem gänzlich geschützt ist; bevorzugt trockene Südhänge; bis in 1200 m.

Verbreitung: Südeuropa.

Hopfenbuche

Gelbe Alpenrose

Rhododendron luteum SWEET (= Rh. flavum; Azalea pontica)

Zum Unterschied von den Alpenrosen-Kleinsträuchern *(Rhododendron ferrugineum und Rh. hirsutum)* ist die übermannshohe Gelbe Alpenrose in mehrfacher Hinsicht eine Besonderheit. Einmal wurde die „Wunderblume von Pußarnitz" bei Lendorf im Drautal erst in den dreißiger Jahren bekannt; sie wurde dort auf einem entlegenen Waldflecken gefunden. Das nächste natürliche Vorkommen liegt in Slowenien und die eigentliche Heimat in Kleinasien bzw. dem Schwarzmeergebiet. Während die Vorkommen in Slowenien die Eiszeit außerhalb des vergletscherten Gebietes noch eher überdauern konnte, war der Standort im Drautal vom Draugletscher überdeckt. Wann und wie der dekorative immergrüne Strauch hierhergekommen ist, bleibt ungelöst, es sei denn, man nimmt an, daß er verwildert ist. Auf alle Fälle fühlt er sich wohl und breitet sich innerhalb seines Zauns, der ihn vor den Zugriffen des Menschen schützt, aus.

Er blüht regelmäßig Ende Mai. – In Kärnten vollkommen geschützt!

Schon Xenophon berichtet, daß seine Soldaten beim Zug durch Kleinasien schwer berauscht waren, und zwar höchstwahrscheinlich nach dem Genuß vom Honig wilder Bienen, der zur Blütezeit von den dort vorkommenden Alpenrosen gesammelt wurde. Inzwischen weiß man, daß die berauschende Wirkung von einem Wirkstoff namens Andromedotoxin stammt, der im Nektar und im Honig der Gelben Alpenrosen, aber ebenso im nordamerikanischen Kirschlorbeer *(Kalmia latifolia)* vorkommt. – Die Gelbe Alpenrose ist oft in Kultur zu bewundern. Nach der Roten Liste in Kärnten stark gefährdet (Gefährdungsstufe 2).

Verbreitung: Osteuropa bis Kaukasus und Schwarzmeergebiet.

Gelbe Alpenrose

Faulbaum, Pulverholz

Frangula alnus MILL. (Rhamnus frangula)

Als Strauch bis 4 m und als Baum bis 7 m hoch; reichlicher Stockausschlag und Wurzelbrut; Rinde bleigrau, innen grüngelb, mit quergestellten weißen Rindenporen. – Blätter wechselständig, einzelstehend, breit elliptisch bis verkehrt eiförmig, stumpf oder kurz zugespitzt, ganzrandig, leicht gewellt, dünn, kahl, mit bogigen Nervenpaaren, die sich am Rande vereinigen, oberseits dunkelgrün, unterseits glänzend hellgrün; Blattstiel behaart. – Blüten zwittrig, klein, grünlichweiß, fünfzählig, sternchenähnlich, kurzgestielt, meist fünf in blattwinkelständigen, lockeren Büscheln, von Mai bis September blühend; Steinfrüchte kaum erbsengroß, dreikernig, zuerst grün, dann rot und reif schwarz; meist in allen drei Farben nebeneinander; ungenießbar.
Häufig auf feuchten, anmoorigen bis moorigen Standorten, in Auen, Bruchwäldern, Moorrändern, Weidegebüschen, an Flußläufen, aber auch als Unterholz auf trockenen Waldstandorten; bis in 1000 m Höhe. Gute Bienenweide. Rinde, Blätter und Beeren sind giftig. Die Rinde wurde als Abführmittel und die Faulbaum-Holzkohle zur Herstellung des Schwarzpulvers (daher Pulverholz) verwendet. – Holz mit schmalem, gelbem Splint und leuchtend gelbrotem Kern. Kreuzdorn-Typ.
Verbreitung: Europa, Kleinasien, Nordafrika.

Faulbaum • Pulverholz

Gewöhnlicher Kreuzdorn

Rhamnus cartharticus L.

Sparriger Strauch von 2 bis 3 m und als kleiner Baum bis 8 m hoch, kaum über 100 Jahre alt; langsamwüchsig. – Rinde schwärzlich, zuletzt feinrissig, innen gelbrot. – Blätter schief gegenständig, teils gebüschelt, rundlich bis elliptisch, fein kerbig gesägt, mit drei- bis fünfbogig zur Spitze verlaufenden Nervenpaaren, oberseits stumpfgrün, unterseits heller, meist kahl. – Blüten unvollständig zweihäusig, klein, unscheinbar, gelblichgrün, vierzählig, zu Knäueln in Blattachseln. Blütezeit: Mai–Juni. – Steinbeeren erbsengroß, blauschwarz, mit meist vier einsamigen Steinkernen; heftig abführend, giftig; liefert das „Saftgrün" der Maler.
Auf lichten, oft kalkhaltigen Trockenbuschhängen, in Hecken, an Waldrändern und Bachufern; bis 1300 m. – Zwischenwirt des Hafer-Kronenrostes. – Holz mit Farbkern; Holzbau: Kreuzdorn-Typ. Holz zerstreut- bis halbringporig; Porengruppen flammenartig angeordnet, umgeben von totem Holzfasergewebe; Parenchym zerstreut. Holzstrahlen schmal, im Querschnitt nur ein bis zwei Zellagen breit.
Verbreitung: nördliche gemäßigte Zone.

Krainer Kreuzdorn

Rhamnus fallax BOISS. (= Rh. carniolica)

Bis 3,5 m hoher Strauch; Blätter groß, mit 15–18 Nervenpaaren, länglich–eiförmig bis breitlanzettlich, oben fast immer zugespitzt, kahl oder verkahlend. – Blütenstände drei- bis siebenblütig, häufig zwittrig; Griffel bis unter die Mitte gespalten. – Steinbeere groß, schwarz. Zum Unterschied vom Alpen-Kreuzdorn *(Rhamnus alpinus)*, der in Österreich fehlt, reicht der Krainer Kreuzdorn, eine illyrische Waldpflanze, bis nach Südkärnten; in Gebüschen und lichten Wäldern fast nur auf Kalk. Die Rinde wirkt ähnlich abführend wie die Rinde vom Faulbaum.
Verbreitung: Kärnten bis Griechenland.
Als weitere Vertreter der Gattung sind der Felsen-Kreuzdorn *(Rhamnus saxatilis)* zu nennen, ein kleiner Strauch, der nur bis 1,5 m hoch wird; mit verdornten oder wehrlosen Ästen; Blätter klein, sowie der Zwerg-Kreuzdorn *(Rhamnus pumila)*, ein niederliegender, verzweigter Zwergstrauch, der nur bis 20 cm hoch wird.

Krainer Kreuzdorn

Gewöhnlicher Kreuzdorn

Sommerlinde, Großblättrige Linde

Tilia platyphyllos SCOP. (=T. grandifolia)

Großer Baum, der über 30 m hoch und gegen 1000 Jahre alt werden kann; frei stehend mit mächtigerer Krone als bei der Winterlinde. – Blätter wechselständig, zweizeilig gestellt, groß, rundlich bis schief herzförmig, kurz zugespitzt, scharf gesägt, beiderseits behaart, unterseits heller grün und in den Nervenwinkeln weißlich gebärtet; Blattstiel behaart und kürzer als die Blattspreite. – Blüten zwittrig, gelb, wohlriechend, größer als bei der Winterlinde; Trugdolde meist dreiblütig; Doldenstiel mit teilweise angewachsenem linealem Flügelblatt. Blütezeit: 10–14 Tage vor der Winterlinde, Mai–Juni. – Nüßchen mit 4–5 starken Längsrippen, graufilzig, größer als bei der Winterlinde; Kapselschale dick, daher nicht mit den Fingern zerdrückbar. – Keimblätter ähnlich der Winterlinde, die Lappen der Keimblätter länger und spitzer.

Stellt höhere Ansprüche an Boden und Licht, Wärme und Luftfeuchtigkeit als die Winterlinde; wächst auch rascher; in Schluchtwäldern und Buchen-Linden-Bergwäldern; bis gegen 1000 m. Ebenfalls oft in Kultur als Hausbaum und als Dorflinde oder bei Bildstöcken. – Gute Bienenweide. Der Lindennektar wurde wiederholt fälschlich verdächtigt, giftige Wirkstoffe für Bienen zu enthalten. In den meisten Fällen jedoch konnte als Ursache der Vergiftungserscheinungen der Bienenwolf *(Philanthus triangulum)*, eine Grabwespe, ermittelt werden, die die Honigbiene durch einen Stich lähmt und als Nahrung für die Brut benützt. – Beide einheimischen Lindenarten sind nach der Roten Liste regional gefährdet. – Holz ähnlich der Winterlinde. – Holzbau: Schwarzerlen-Typ. Zum Unterschied von der Winterlinde bildet die Sommerlinde zahlreiche Formen, die sich in Blattgröße und Behaarung unterscheiden. Zwischen beiden Arten kommt ein Bastard *(Tilia x vulgaris)* vor, der sehr raschwüchsig und fruchtbar ist.

Verbreitung: Mittel- und Südeuropa.

Sommerlinde • Großblättrige Linde

Winterlinde, Kleinblättrige Linde

Tilia cordata MILL. (= T. parviflora)

Baum bis 30 m hoch und mehrere hundert Jahre alt, mit Pfahlwurzel in der Jugend, später oft Maserbildung am unteren Stamm; weitstreichende Wurzeln; großes Ausschlagvermögen. – Rinde zuerst grauviolett oder braun, glatt, später eine längsrissige, netzförmige Borke, die an die Eiche erinnert. – Blätter wechselständig, zweizeilig angeordnet, groß, rundlich, breit herzförmig zugespitzt, verhältnismäßig derb, fein und scharf gesägt, sattgrün an der Oberseite und blaugrün an der Unterseite, in den Aderwinkeln rotbraun. – Blüten zwittrig, weingelb, wohlriechend, fünf bis elf in meist hängenden Trugdolden, Doldenstiel mit teilweise angewachsenem abgebogenem linealem Flügelblatt. Blütezeit: Juni–Juli; Nüßchenfrüchte birnenförmig, undeutlich kantig, filzig, meist einsamig, leicht zerdrückbar. – Keimblätter handförmig geteilt, gestielt. Samenbildung zwischen 20. und 30. Lebensjahr, dann jährlich; Samen bleiben zwei Jahre keimfähig: sie keimen, im Frühjahr gesät, im darauffolgenden Frühjahr. Keimblätter handförmig gelappt, gestielt.

Zerstreut in sommerwarmen Eichen-Hainbuchen-Wäldern, in Ahorn-Hangwäldern; bis in etwa 1400 m. – Vielbesungener und beliebter Haus-, Dorf-, Park- und Alleebaum, der wegen seiner vielfältigen Bedeutung den Slawen und Germanen heilig war; Ortsnamen wie z. B. Leibnitz vom slaw. Lipa – die Linde – erinnern daran. – Gute Nektar- und etwas geringere Pollentracht. – Blüten für schweißtreibenden Tee; aus dem Holz wurde für medizinische Zwecke Holzkohle gewonnen. In den Sommermonaten tropft von der Winterlinde oft zuckerhältiger Saft, der auch die Blätter überzieht und von Blattläusen ausgeschieden wird. Im zuckerhältigen Saft siedeln sich schließlich Schwärzepilze oder Rußtaupilze an, die für einen Überzug sorgen, der an Straßenstaub erinnert. – Holz: rötlich bis gelblichweiß, ohne Kern, gleichmäßig, weich; ausgezeichnetes Schnitzholz; für Furniere, als Drechslerholz und für vielerlei geeignet. Aus dem Bast wurde der Bindebast gewonnen. – Holzbau: Schwarzerlen-Typ; Gefäße einfach durchbrochen und deutlich schraubig verdickt; Holzstrahlen vier bis fünf Zellen breit.

Verbreitung: Europa.

Winterlinde
Kleinblättrige Linde

Gewöhnliche Esche

Fraxinus excelsior L.

Baum bis 30 m hoch und bis zu 250 Jahre alt. – Stamm walzenförmig; neigt zur Zwieselbildung; ausschlagfähig. – Rinde hell grünlichgrau, glatt, Borke rauh, rissig, schwarzbraun. – Tiefe Pfahl- und weitstreichende Seitenwurzeln. – Krone eikegelförmig, im Alter gewölbt. – Blätter kreuzweise gegenständig, groß, langgestielt, neun bis fünfzehn, meist elf unpaare Fiedern; Fiederblätter sitzend, eilänglich, zugespitzt, ungleich gesägt, oberseits dunkelgrün, unterseits heller, gelegentlich auch ungeteilte Blätter *(var. monophylla)*. – Blüten meist zwittrig, selten zweihäusig, dunkelpurpurn oder violett, in dichten Büscheln, unscheinbar, gewöhnlich ohne Kelch und Blumenkrone; Windbestäubung. Blütezeit: April–Mai; Blüten erscheinen vor Laubausbruch. – Früchte längliche, gelbbraune, flache, kahle, meist einsamige Nüßchen mit zungenförmigem Flügel, in büscheligen hängenden Rispen. – Samen länglich zugespitzt, dunkelbraun. Samenbildung etwa ab 20.–30. Lebensjahr, dann alle zwei bis drei Jahre; Samen bleiben zwei Jahre keimfähig und keimen, im Frühjahr gesät, erst im darauffolgenden Frühjahr.

Anspruchsvoller Pionierbaum, der frisch-feuchte, tiefgründige, nährstoffreiche, jedoch nicht staunasse Böden verlangt; bestandbildend in Auen (Hartholz-Auen) und Schluchtwäldern; vereinzelt in Laubmischwäldern, an Bach- und Flußläufen; bis in 1400 m Höhe. – In der nordischen Mythologie hat die Weltenesche Yggdrasil mit ihren weitreichenden, alles umfassenden Zweigen eine wichtige Bedeutung. Sie überschattete mit ihren Zweigen das Weltall und war der Gerichtsort der Götter. Unter den Wurzeln lebten die schicksallenkenden Parzen. Nach einer altgermanischen Sage soll der Mann aus dieser Esche und die Frau aus der Erle geschaffen worden sein. – Viele Orts- und Flurnamen erinnern an die Esche. – Mittlere Pollentracht, sowie Honigtaulieferant.

In manchen Alpentälern wird die Esche noch als Schneitelbaum genutzt und daher um Gehöfte und auf Wiesen und Weiden angepflanzt, um die Äste alle zwei Jahre zu scheitern (= schneiteln). Das Laub wird an die Haustiere verfüttert. – Blütenstände häufig von einer Gallenmilbe *(Aceria fraxinicora)* befallen. Der Eschenkrebs kann von Bakterien oder von verschiedenen Pilzen herrühren. – Holz mit breitem gelblichweißem Splint und hellbraunem Kern; wertvoll für Tischlerei und Wagnerei. – Holzbau: Eschen-Typ. Gefäße zyklopor, einfach durchbrochen und vom Grundgewebe durch Parenchymscheiden isoliert; Grundgewebe aus toten Holzfasern. Die Holzstrahlen sind im Querschnitt zwei bis drei Zellen breit.

Verbreitung: Europa, Nordasien.

Gewöhnliche Esche

Manna-Esche, Blumenesche

Fraxinus ornus L.

Kleiner, bis 8 m hoher langsamwüchsiger Baum, auch strauchförmig. – Rinde olivgrün bis hellaschgrau; Borke warzig-krustig. – Knospen silbergrau bis bräunlich (Unterschied zur Gewöhnlichen Esche). – Blätter meist mit sieben unpaaren Fiedern, mit rostgelb behaarten Stielchen, eilänglich, unregelmäßig gesägt, Mittelrippe rostgelb behaart. – Blüten in endständigen, reich verzweigten Rispen, mit tief vierspaltigem Kelch, vier schmalen, zungenförmigen, weißen Kronblättern und zwei langen Staubgefäßen, intensiv süßlich duftend. Blütezeit: Mai–Juni. Flügelfrüchte kleiner als bei der Esche, dunkelbraun. – Same eiförmig.
Anspruchsloser Baum aus dem Mittelmeergebiet, der außerhalb seines geschlossenen Verbreitungsgebietes warme und trockene Kalkstandorte besiedelt; vom Tiefland bis in die Bergstufe. – In Österreich selten in Nordtirol, vereinzelt in Osttirol, weiters in Ost- und Südkärnten, in der Steiermark nur im Grenzgebiet zu Slowenien, ebenso in Niederösterreich (Umgebung von Vöslau) und im Burgenland (im Leithagebirge); sie gilt hier als regional gefährdet.
Manna ist eine zuckerhältige Ausscheidung der Manna-Esche, die durch Anschneiden von sieben- bis zwölfjährigen Manna-Eschen gewonnen und in der Medizin verwendet wurde. Nicht mit dem Manna des Alten Testamentes identisch, das beim Zug durch die Wüste vom Himmel fiel und das von Wüstenpflanzen über saugende Insekten ausgeschieden wurde. – Geringe Nektar- und gute Pollentracht. – Nach der Roten Liste in Tirol, Kärnten, der Steiermark, Niederösterreich und im Burgenland regional gefährdet. In Tirol vollkommen geschützt. – Holzbau: Eschen-Typ. – Gelegentlich als Zierbaum, kultiviert.
Verbreitung: Südeuropa, Kleinasien.

Manna-Esche • Blumenesche

Spitzblättrige Esche

Fraxinus angustifolia VAHL (= F. oxycarpa oder F. parviflora)

Die Spitzblättrige Esche ist ein wärmeliebender Auwaldbaum Südeuropas, besonders im pannonischen Tiefland, in Flußniederungen. In Österreich nur in Niederösterreich, in den Auen an der Thaya, der March und der Donau sowie in den Leithaauen bei Zurndorf.
Bis 25 m hoher Baum mit braunen, behaarten Knospen; Fiederblätter länglich-lanzettlich, Blattrandzähne abstehend; Blütenstand traubig. Nach der Roten Liste potentiell gefährdet (Gefährdungsstufe 4). – Holzbau: Eschen-Typ.
Verbreitung: Südeuropa, Nordafrika, Kleinasien.

Liguster, Rainweide

Ligustrum vulgare L.

Dichter Strauch mit rutenförmigen Ästen, bis über 2 m hoch. – Rinde graubraun mit hellen Korkwarzen, trägwüchsig, bildet reichlich Wurzelbrut. – Blätter gegenständig oder zu dritt in Quirlen, spitz-eilänglich bis lanzettlich. Lederartig, ganzrandig, kahl, dunkelgrün, unterseits heller, mit kräftig hervortretender Mittelrippe. – Blüten in langen endständigen Rispen, klein, weiß, vierzählig, stark riechend. Blütezeit: Juni–Juli. – Früchte: Steinbeeren, kugelig, erbsengroß, reif schwarz, glänzend, meist zweifächerig, Fruchtfleisch blauviolett. – Same keimt ein Jahr nach der Frühjahrssaat.
Häufig auf kalkhaltigen oder trockenen Böden; in sonnigen Gebüschen, lichten Eichen- oder Kiefernwäldern, an Waldrändern, auf Kalk-Magerweiden; bis über 1000 m Höhe. – Gute Bienenweide; Beeren, Blätter und Rinde sind giftig! – Kann durch Wurzelbrut, Ableger und Stecklinge vermehrt werden; gut schnittverträglich, daher auch als Hecke beliebt. – Das Holz ist schwer und sehr hart; Holzbau: Buchen-Typ. – Als Schnitthecke wird häufig der einblättrige Liguster *(Ligustrum ovalifolium* aus Japan) gepflanzt, der frostempfindlich ist und in kalten Wintern zurückfriert.
Verbreitung: Europa, Nordafrika, Kleinasien.

Spitzblättrige Esche

Liguster • Rainweide

Sanddorn

Hippophae rhamnoides L.

Besonders sperriger, bis 3 m hoher Strauch mit rutenförmigen Zweigen; an Weiden erinnernd, Tiefwurzler (bis 1,20 m) mit weitstreichendem Wurzelwerk. – Rinde zuerst drüsig behaart, dann weißgrün, später dunkelbraun und glatt, im Alter mit rissiger, schuppenförmiger Borke. – Blätter wechselständig, kurzgestielt, schmal, lineal-lanzettlich, ganzrandig, oberseits graugrün, unterseits silberweiß schilferig mit meist rostfarbener Mittelrippe. – Blüten zweihäusig, klein, rotbraun bis gelblich; männliche Blüten büschelig, weibliche Blüten meist einzeln mit vortretender Narbe. Blütezeit: Mai–Juni. – Scheinbeeren erbsengroß, eiförmig, leuchtend gelbrot, schwach braun punktiert, zahlreich, meist einsamig. – Samen glänzend schwarzbraun.

In zwei Unterarten verbreitet; und zwar die Unterart *subsp. fluviatilis* mit meist drei bis sechs Millimeter breiten Blättern, Samen eiförmig, nicht abgeflacht, und der Unterart *subsp. carpatica* mit meist fünf bis zehn Millimeter breiten Blättern, Samen mehr oder weniger abgeflacht.

Pionierstrauch, dessen Wurzeln mit stickstoffbindenden Knöllchenbakterien in Symbiose leben. Vereinzelt in Flußschotter-Auen, in Kiefern-Trockenwäldern, auf feinerdearmen Kies- und Sandböden, auch an Seeufern; fehlt in der Steiermark und im Burgenland spontan; in allen anderen Bundesländern gilt der Sanddorn als potentiell gefährdet (Gefährdungsstufe 4). In Kärnten, Niederösterreich, Tirol und Wien, gewöhnlich die Beeren ausgenommen, teilweise geschützt. – Vogelverbreitung; säuerliche Beeren sind sehr reich an Vitamin C; beliebter Zierstrauch; oft zur Bodenfestigung an Böschungen und auf Rohböden kultiviert. – Holz mit schmalem gelbem Splint und braunem Kern. – Holzbau: Edelkastanien-Typ.

Verbreitung: Europa, Westasien, Kaukasus bis Ostasien.

Sanddorn

Pimpernuß

Staphylea pinnata L.

Bis 5 m hoher Strauch, auch baumartig, mit bläulichbrauner Rinde mit weißlichen Rindenporen; großes Ausschlagsvermögen. – Blätter gegenständig, langgestielt, oberseits rinnig, mit fünf bis sieben sitzenden unpaaren Fiedern, eilänglich zugespitzt, fein gezähnt. Oberseits lebhaft grün, unterseits bläulich-graugrün und am Grunde behaart. – Blüten rötlichweiß, glockig, in hängenden, langgestielten, aus gegenständigen Trugdolden zusammengesetzten Rispen; fünf Kronblätter, Kelch abfallend; Blütezeit: Mai–Juni. – Kapselfrüchte blasig, dünnhäutig, zwei- bis dreifächrig, in jedem Fach ein glänzender, gelbbrauner, sehr harter, ölreicher, eßbarer Same mit weißem Nabel.

Wärmeliebender, eher seltener Strauch auf sonnigen, trockenen Standorten; an warmen Hängen, an Waldrändern, im Gebüsch, meist auf nährstoffreichen und kalkhaltigen Böden; bis ca. 600 m Höhe. Auch als Zierpflanze in Kultur; nach der Roten Liste in Vorarlberg, Salzburg, Kärnten, der Steiermark, Oberösterreich, Niederösterreich und im Burgenland regional bedroht; fehlt in Tirol. In Kärnten und Vorarlberg teilweise geschützt.

Verbreitung: Mittel- und Südeuropa, Kleinasien.

Pimpernuß

Felsenbirne

Amelanchier ovalis MED. (= A. vulgaris)

Bis 3 m hoher Strauch. Zweige rotbraun, mit kleinen runden Lentizellen. Ausläufer treibend. – Blätter wechselständig, eiförmig, meist stumpf, am Grunde abgerundet bis schwach herzförmig, am Rande scharfgesägt, dunkelgrün, unterseits wollfilzig, langsam verkahlend; orangescharlachrote Herbstfärbung. – Blüten zu drei bis acht in weißfilzigen, aufrechten, traubig-rispigen Blütenständen; Kronblätter weiß, fünf, länglich; Kelchzipfel fünf, rötlich; fünf Griffel, den Kelchbecher nicht überragend. Blütezeit: April–Juli. – Beerenfrüchte erbsengroß, schwarz, bläulich bereift, von Kelchzipfeln gekrönt, eßbar, wenig aromatisch, bis zehn glänzende Samen enthaltend.

Strauch auf sonnig-felsigen Hängen, in Felsspalten, im Unterwuchs von trockenen, erikareichen Kiefernwäldern; bis in fast 1800 m; auf Kalk, Porphyr und Gneis. Die Felsenbirne ist im Burgenland, in Kärnten, Niederösterreich und Wien teilweise geschützt.

Als Ziersträucher in Kultur: Ährige Felsenbirne *(Amelanchier spicata,* aus Nordamerika) und die Kanadische Felsenbirne *(Amelanchier lamarckii).*

Verbreitung: Mittel- und Südeuropa.

Wildbirne

Pyrus pyraster BURGSD. (= P. communis subsp. pyraster)

Sperrig verzweigter Strauch bis kleiner Baum, der bis zu 20 m hoch und bis 150 Jahre alt wird; sehr langsamwüchsig, mit tiefgehender Herzwurzel. – Borke schwarzgrau, durch scharfe Längs- und Querrisse würfelförmig gefeldert. – Blätter wechselständig, spitz-eiförmig, derb feingesägt, mit jederseits etwa acht wenig gebogenen, unterseits kaum hervortretenden Seitennerven, oberseits etwas dunkelgrün, glänzend, unterseits heller, kahl; Blattstiel meist länger als das Blatt. – Blüten in milchigweißen Ebensträußen am Ende beblätterter Kurztriebe; Staubbeutel rot. Blütezeit: April–Juni. – Früchte langgestielt, am Stielansatz nicht vertieft, rundlich, grün bis gelb, oft rot überlaufen, hart, sehr herb und reich an Steinzellennestern; Kerne flach, dunkelbraun.

Stammform aller Kulturbirnen; bevorzugt kalkhaltigen, tiefgründigen Boden; in Hecken, Gebüschen und an Waldrändern; zur Wildäsung angepflanzt. – Trachtpflanze. – Holz kernlos, gleichmäßig hellbräunlichrot, oft mit dunklem falschem Kern; schwer, hart. – Holzbau: Buchen-Typ.

Verbreitung: Mittel- und Osteuropa, Westasien.

Die Schneebirne *(Pyrus nivalis)*, oft als Unterart der Wildbirne, kommt an sonnig-trockenen Standorten, bevorzugt in niederen Lagen, im Burgenland, in Oberösterreich, Niederösterreich, der Steiermark und Kärnten vor. – Nach der Roten Liste ist sie in diesen Bundesländern stark gefährdet (Gefährdungsstufe 2). Die Schneebirne ist in Kärnten vollkommen geschützt.

Brombeeren

Rubus-Arten

Die Gruppe der Brombeeren umfaßt eine große Zahl oft sehr schwer bestimmbarer Kleinarten; ihre Zahl wird mit insgesamt 300 bis 3000 angegeben. In Österreich kommen an die 100 Formen und vielleicht noch einmal so viele Bastarde vor, so daß eine Bestimmung der Brombeeren selbst einem guten Pflanzenkenner große Schwierigkeiten bereitet.
Ein leicht kenntlicher Vertreter aus dieser Gruppe ist die Himbeere *(Rubus idaeus)*, die als Pionier auf Kahlschlägen oft in großen Beständen auftritt, die jedoch als Halbstrauch zu bezeichnen ist. Ihre bis zu 3 m hohen Schößlinge blühen im zweiten Jahr und sterben nach erfolgter Fruchtreife ab. Sie kommt bis in 1800 m Höhe vor; wegen ihrer wohlschmeckenden Samenfrüchte wird sie in Gärten kultiviert.
Allgemein verbreitet und in Auenwäldern, Hecken und Waldrändern bis in etwa 1000 m Höhe ist die Kratzbeere *(Rubus caesius)*, ein niedriger Strauch mit bis zu 3 m tiefen Wurzeln.
Sowohl die Himbeer- als auch die Brombeerblüten gehören zu den beliebtesten und auch ausgiebigsten Pollen- und Nektarspendern der Bienen. Die Blätter dienen zur Teebereitung.

Echte Brombeeren

Rubus fruticusus

Sammelbezeichnung für zahlreiche Formen. – Stachelige, mehrere Meter hohe, manchmal wintergrüne Sträucher mit aufrechten bogigen oder liegenden Schößlingen. – Blätter wechselständig, gefiedert, drei- bis siebenzählig, letztenfalls vier Fiedern aus einem Punkt entspringend; Fiedern gezähnt, dunkelgrün, kahl oder unterseits weißgrau-filzig, Blattstiel und Nerven stachelig; Stacheln abwärts gerichtet. – Blüten in lockeren Trugdolden, weiß oder rötlich, Kronblätter eirund. – Brombeeren (Früchte) zuerst rot, reif glänzend schwarz, auch bläulich bereifte Sammelfrüchte mit zahlreichen netzkernigen Steinkernchen; lösen sich mit dem Blütenboden ab; sehr saftig und schmackhaft; fruchten im zweiten Jahr. Blütezeit: Juni–August.
Auf Schlägen, Rainen, Waldrändern, oft undurchdringliche Hecken bildend; bis in über 1500 m Höhe.
Verbreitung: Europa.

Echte Brombeeren

Elsbeere

Sorbus torminalis (L.) CR.

Kleiner oder mittelgroßer langsamwüchsiger Baum, auch strauchartig; bis zu höchstens 20 m hoch und bis über 100 Jahre alt. – Rinde glatt und grau. Borke dunkelbraun, längsrissig, dünn abblätternd. Geringes Ausschlagvermögen; Wurzelbrut. – Pfahlwurzel mit starken Seitenwurzeln. – Blätter wechselständig, langgestielt, ungeteilt, tiefgelappt, mit meist herzförmigem Grund; Lappen scharf gesägt, zugespitzt, untere größer und waagrecht abstehend oder mehr aufgerichtet; oberseits glänzend, dunkelgrün, unterseits blaßgrün; blutrote Herbstfärbung. – Blüten reinweiß, meist zweigriffelig, in ziemlich großen, aufrechten Trugdolden. Blütezeit: Mai–Juni. – Früchte länglich-rund, vom ringförmigen Kelchrand gekrönt, viersamig, zuerst rötlichgelb, reif braun, hellpunktiert, überreif teigig und dann genießbar. – Keimblätter klein, oval, ganzrandig.
Gelegentlich und zerstreut in warmen Eichen- und Eichen-Hainbuchen-Wäldern, im Flaumeichengebüsch, auf trockenen, ausgehagerten Kuppen in Eichen-Kiefern-Beständen; bis etwa 1000 m. – Vogelverbreitung; Bienenweide. – Holz mit rötlichweißem, bräunlich nachdunkelndem Splint und rotbraunem Kern; hart; für Möbel und Einlegearbeiten wertvoll.
Verbreitung: Europa, Kleinasien, Nordafrika.

Elsbeere

Mehlbeere

Sorbus aria L. (CR.)

Strauchförmig oder ein kleiner Baum von 6 bis 12 m Höhe und bis zu 200 Jahre alt. – Rinde schwarzgrau, oft weißfleckig. Borke längsrissig; Tiefwurzler mit beträchtlichem Ausschlagvermögen. – Blätter wechselständig, derb, ungeteilt, eilliptisch, mit keilförmigem oder abgerundetem Grund, ungleich doppeltgesägt, seltener seicht gelappt; jederseits mit sieben bis zehn Seitennerven, oberseits lebhaft glänzend, grün, unterseits und am Stiel weißfilzig. Trockenes Laub silbergrau. – Blüten weiß, meist zweigriffelig, in aufrechten, ziemlich großen Trugdolden; Stiele und Kelche weißfilzig; Blütezeit: Mai–Juni. – Früchte kugelig-eiförmig, orange bis scharlachrot, mit weißfilzigem Scheitel unter den stehenbleibenden Kelchzipfeln, zweisamig. – Fruchtfleisch geadert, mehlig; erst nach Frost genießbar. Bevorzugt sonnige Lagen und Kalkstandorte; in sonnigen Eichen- und Buchenwäldern; in Trockengebüschen, auf Felshängen und Waldrändern; von der Ebene bis in etwa 1600 m. – Holz mit sehr breitem hellgelbem Splint und rotbraunem Kern. – Holzbau: Schwarzerlen-Typ. – Nach der Form der Blätter und der Früchte werden mehrere Unterarten unterschieden.
Verbreitung: Europa.

Mehlbeere

Österreichische Mehlbeere

Sorbus austriaca (BECK) HEDL. (= S. mougeotii)

Blätter der Blütentriebe breit-elliptisch, bis zu einem Sechstel der Blattbreite eingeschnitten; Blattgrund breit, keilförmig bis abgerundet; Blattlappen sich meist deckend. – Frucht kugelig, bis 13 mm dick. In Wäldern der oberen Bergstufe bis in die Latschenstufe; kalkliebend. – Ist in Kärnten, der Steiermark, Oberösterreich, Niederösterreich und dem Burgenland gefährdet (Gefährdungsstufe 3). Die nahe verwandte **Vogesen-Mehlbeere** *(Sorbus mougeotii)*, die in Österreich nur in Vorarlberg vorkommt, ist ebenfalls gefährdet. Von weiteren Vertretern sind noch die **Zwerg-Mispel** *(Sorbus chamaemespilus)* zu nennen, ein lichtliebender Kleinstrauch, auf Kalkstandorten zwischen 800 m und bis 2000 m verbreitet.
Blätter elliptisch, derb, gesägt, oberseits dunkelgrün, unterseits hellbläulichgrün. – Blüten in armblütigen, schirmförmigen Trugdolden; Kronblätter rot. – Früchte hell-scharlachrot, viersamig, genießbar; Same rundlich birnförmig.
Zwischen den einzelnen Arten kommen in der Natur häufig Bastarde vor. Gelegentlich kultiviert und im Mittelmeer beheimatet ist der bis zu 20 m hohe **Speierling** oder **Arschitzenbaum** *(Sorbus domestica)*, der größere Früchte als die Vogelbeere hat, die als Wildfutter dienen. Obwohl in der Steiermark kaum anzutreffen, ist er nach dem Baumschutzgesetz generell geschützt. Die Österreichische Mehlbeere ist in Kärnten, der Steiermark, Oberösterreich, Niederösterreich und im Burgenland gefährdet (Gefährdungsstufe 3). Ebenfalls gefährdet sind eine ganze Anzahl weiterer, in Österreich seltenerer Arten, wie z. B. die **Karpaten-Mehlbeere** *(Sorbus carpatica)*, die in Ober- und Niederösterreich vorkommt, oder die in Niederösterreich beheimatete **Donau-Mehlbeere** *(Sorbus danubialis)*, weiters die **Griechische Mehlbeere** *(Sorbus graeca)* in Tirol, Niederösterreich und dem Burgenland, die **Breitblättrige Mehlbeere** *(Sorbus latifolia)* in Ober- und Niederösterreich und schließlich die **Vogesen-Mehlbeere** *(Sorbus mougeotii)* in Vorarlberg. In Vorarlberg sind alle Mehlbeeren *(Sorbus*-Arten) teilweise geschützt; es darf nur ein Handstrauß gepflückt werden.

Vogelbeere, Eberesche

Sorbus aucuparia L.

Mittelgroßer, schlanker Baum, bis 17 m hoch und bis zu 120 Jahre alt. – Rinde glatt, gelblichbraun, glänzend, Wurzeln tief und weitstreichend. Borke schwärzlichgrau, längsrissig. Stockausschlag vorhanden. – Blätter wechselständig, mit meist 9–19 sitzenden Fiedern, länglich-lanzettlich, kurz zugespitzt, scharf gesägt, oberseits dunkelgrün, unterseits graugrün, behaart; Herbstfärbung dunkel-blutrot. – Blüten gelblichweiß, in aufrechten, großen, gewölbten Trugdolden, meist dreigriffelig, unangenehm riechend. Blütezeit: Mai–Juni. – Vogelbeeren erbsengroß, anfangs gelb, reif korallenrot, am Scheitel durch eingeschlagene Kelchzipfel genagelt, mit drei rötlichen, schmalen, spitzen Samen, in dichten Büscheln; Beeren bitter; Keimblätter zierlich, Keimpflanzen klein, eiförmig.

In lichten Laub- und Nadelwäldern und als Pionier auf Schlägen, in Moorwäldern bis an die Waldgrenze in etwa 2000 m; anspruchslos, daher auch auf trockenen, mageren Standorten, widerstandsfähig gegen Rauchgase. Die Vogelbeeren werden von verschiedenen Vogelarten mit Vorliebe gefressen; gute Nektar- und Pollentracht, auch zur Schnapserzeugung verwendet. Ungekochte Beeren können durch den Gehalt an Parasorbinsäure Übelkeit hervorrufen. Durch das Kochen wird die Säure weitgehend zerstört. Mehlbeere, Elsbeere, Speierling und Zwergeberesche haben wenig Parasorbinsäure. – Holz mit rötlichweißem breitem Splint und hellbraunem Kern; hart, zäh; für Drechslerei und Wagnerei; Holzbau: Schwarzerlen-Typ.

Die **Mährische Vogelbeere** *(Sorbus aucuparia subsp. moravica)* ist eine süßfruchtige Mutante der Vogelbeere, die seit 100 Jahren bekannt ist und deren süße Früchte wegen des hohen Vitamin-C-Gehaltes für Kompott, Marmelade und Gelee oder zur Saft-, Wein- und Schnapsbereitung genutzt werden.

Oft werden von der Vogelbeere zwei Unterarten unterschieden: eine mit behaarten diesjährigen Zweigen und kugeligen Früchten *(subsp. aucuparia)* und eine mit verkahlenden diesjährigen Zweigen und Knospen, Früchte mehr eiförmig *(subsp. glabrata)*.

Verbreitung: Europa bis Kleinasien und Sibirien.

Wildrosen

Rosa-Arten

Mit abwehrenden Stacheln (nicht Dornen) ausgestattet, zählen die Rosen zu den schönsten wildwachsenden und kultivierten Holzgewächsen; sie sind allerdings, ähnlich den Brombeeren, eine schwierige Gruppe mit zahlreichen Kleinformen und Bastarden. Die Artenanzahl in der einheimischen Flora liegt bei etwa 30, ohne Bastarde. Sie sind außerdem eine gefährdete Gruppe, denn in der Roten Liste der gefährdeten Farn- und Blütenpflanzen sind gleich 18 Vertreter in irgendeiner Weise als gefährdet angeführt. Darunter befinden sich z. B. die **Feld-Rose** *(Rosa agrestis)*, die **Essig-Rose** *(Rosa galliea)*, die **Rotblättrige Rose** *(Rosa glauca)*, die **Bibernell-Rose** *(Rosa pimpinellifolia)* und andere. Manche dieser gefährdeten Rosen kommen nur lokal in einem Bundesland vor; so z.B. die **Rhätische Rose** *(Rosa rhaetica)* in Tirol, die **Samt-Rose** *(Rosa sherardii)* in Tirol und Niederösterreich oder die **Sparrige Rose** *(Rosa sqarrosa)* nur im Burgenland. In Kärnten sind einige Rosenarten vollkommen geschützt, und zwar die **Flaum-Rose** *(Rosa obtusifolia)*, die **Keilblatt-Rose** *(R. elliptica)* und die **Rauhblatt-Rose** *(R. jundzillii)*. In Wien ist die Bibernell-Rose teilweise geschützt. In Vorarlberg sind alle Wildrosen teilweise geschützt, es darf nur höchstens ein Handstrauß gepflückt werden.

Die Wildrosen gelten als gute Pollentrachtpflanzen, die Rosen- oder Schlafäpfel an den Rosenblättern, auffallend rot gefärbt, rühren von der Rosengallwespe *(Diplotaxis rosae)* her.

Aus der Vielzahl der Rosen seien nur zwei Vertreter kurz beschrieben:

Wildrosen

Heckenrose

Rosa canina agg.

Stacheliger Strauch, bis 3 m hoch. – Rinde rötlich, später grau, etwas feinrissig. – Tiefwurzler. – Die kräftigen Äste steil aufgerichtet und bogenförmig überhängend. – Blätter wechselständig, mit fünf bis sieben Fliederblättchen, ziemlich dünn, ei-elliptisch und doppelt bis einfach gesägt, frischgrün, oberseits kahl, unterseits kahl oder etwas behaart. Blütenstiele etwas bestachelt, mit angewachsenen Nebenblättchen. – Blüten zu eins bis drei, ansehnlich, rosa oder weiß, mit fiederspaltigen Kelchzipfeln, wohlriechend. Blütezeit: Mai–Juli. – Hagebutten (Hetschepetsch) scharlachrot, eiförmig bis kugelig, glatt, fleischig, mit zahlreichen behaarten einsamigen Nüßchen; eßbar.
Kommt in sonnigen Hecken, an Wald- und Wegrändern, in warmen Mischwäldern vor; lichtliebender Pionierstrauch; selten bis über 1300 m. Zerfällt in mehrere Formen. Vitamin-C-reiche Früchte werden für Tees und Marmeladen verwendet. – Gute Bienenweide. – Holzbau: Edelkastanien-Bautyp.
Verbreitung: fast ganz Europa.

Alpen-Heckenrose

Rosa pendulina L.

Bis 3 m hocher Strauch; Stacheln spärlich bis fehlend. – Blätter sieben- bis elfzählig gefiedert, dünn, blaugrün, blutrote Herbstfärbung. – Blüten bis dunkel-karminrot. Hagebutten kugelig bis flaschenförmig, zuletzt nickend, wenig fleischig. Blütezeit: Mai–Juli.
Von etwa 500 m in Berg- und subalpinen Wäldern bis über die Baumgrenze (über 2000 m); in Hochstauden und zwischen Latschen, an Felsen und zwischen Blockhalden; meist kalkarm. Zahlreiche Zier- und Gartenformen.
Verbreitung: Gebirge von Süd- und Mitteleuropa.

Alpen-Heckenrose

Schlehdorn, Schwarzdorn, Schlehe

Prunus spinosa L.

Sperrig verzweigter langsamwüchsiger dorniger Strauch, bis 3 m hoch und bis 40 Jahre alt; mit Wurzelschößlingen. – Rinde rußig-schwärzlich. – Blätter wechselständig, gestielt, breit-lanzettlich, mit keilförmigem Grund und stumpfer Spitze, scharf gesägt, oberseits dunkel-, unterseits blaßgrün. – Blüten schneeweiß, klein, kurzgestielt, meist aus gehäuft stehenden Knospen entspringend; Blütezeit: April–Mai, vor Laubausbruch. – Schlehenfrüchte sind kirschengroße Steinfrüchte, schwarzblau, bereift, kurzgestielt, aufrecht, mit einem großen, runzeligen Steinkern, der sich nicht vom Fruchtfleisch löst; sehr herb; erst nach Frosteinwirkung genießbar. – Keimblätter ohne Drüsen.

Pioniergebüsch in sonnigen Hecken, an Wald- und Wegrändern, auf Magerweiden und Lesesteinhaufen; auf trockenen, warmen Standorten; bis 900 m Höhe. Vogelverbreitung und gute Bienentracht; aus den Früchten wurde früher Schlehenwein erzeugt und die Blüten in Teemischungen verwendet. Der 1992 in 3200 m Höhe aufgefundene „Mann vom Hauslabjoch" („Ötzi") hatte schon vor über 5000 Jahren Schlehdornfrüchte, höchstwahrscheinlich als Wanderproviant, mit. – Das Holz hat einen rötlichen Splint und braunroten Kern, hart, glänzend, aber leicht. – Holzbau: Buchen-Typ.

Kommt in zwei Unterarten vor: Wuchs buschig, Blätter unter 4 mm lang, Blüten zahlreich und dicht stehend, meist vor den Blättern erscheinend, Frucht oval-kugelig. 6–12 mm groß = *subsp. spinosa.* – Wuchs mehr oder weniger aufrecht, kleine Bäumchen mit spärlichen Dornen, Blätter 4–5 cm lang, Blüten zu 1–2, Früchte kugelig, 12—18 mm groß = *subsp. fruticans.*

Verbreitung: Europa, Nordafrika, Kleinasien.

Schlehdorn • Schwarzdorn
Schlehe

Steinweichsel, Felsenkirsche

Prunus mahaleb L.

Sperriger Strauch oder Baum, bis 8 m hoch; reichlicher Stockausschlag. – Rinde dunkelbraun, glatt; Borke längsrissig, schwarzbraun. – Blätter wechselständig, eiförmig zugespitzt, am Grunde abgerundet oder schwach herzförmig, gekerbt-gesägt, oberseits glänzend dunkelgrün, unterseits blaßgrün; Stiel mit oder ohne Drüsen. – Blüten weiß in zahlreichen kleinen, aufrechten oder etwas abstehenden, gewölbten, am Grunde beblätterten Trauben; wohlriechend. Blütezeit: April–Mai. – Steinfrüchte erbsengroß, rundlich, zuerst gelb, dann rot, reif schwarz, mit glattem Steinkern; saftarm und herb. – Keimblätter breit, verkehrt-eiförmig, etwas zugespitzt, unterseits mit Längsfurchen, am Grunde mit gestielten Drüsen.

Eignet sich als Unterlage zur Veredelung von Süß- und Sauerkirschen. Holz mit rötlichem Splint, hellbrauner und gestreifter Kern, sehr hart, frisch unangenehm riechend.

In Südeuropa beheimatet, bevorzugt die Steinweichsel trockene, sonnig Hänge. Sie kommt in Österreich im nördlichen Burgenland, in Niederösterreich (Hainburger Berge), in Oberösterreich und in Nordttirol vor, wo sie regional gefährdet ist.

Verbreitung: Europa, Kleinasien.

Ein niedriger Strauch, nur bis 1 m hoch, ist die **Zwerg-Weichsel** *(Prunus fruticosus)*, die nur in der Steiermark, in Niederösterreich und im Burgenland vorkommt und gefährdet (Gefährdungsstufe 3) ist. Stark gefährdet (Gefährdungsstufe 2) ist die seltene **Zwerg-Mandel** *(Prunus tenella)*, ein ebenfalls nur bis 1 m hoher, rosablühender Strauch, der im nördlichen Burgenland und in Niederösterreich anzutreffen ist.

Außer den zahlreichen Nutzbäumen aus der Verwandtschaft der Kirschen sind in Kultur noch weitere Arten anzutreffen.

Steinweichsel • Felsenkirsche

Traubenkirsche

Prunus padus L.

Großer Strauch oder kleiner Baum, bis 15 m hoch und höchstens bis 80 Jahre alt. Stamm schlank, gerade, mit tief angesetzter, länglicher, dichtbelaubter Krone; großes Ausschlagvermögen aus Stock und Wurzel. – Rinde schwarzgrau; Borke dünn, längsrissig. Wurzeln seitwärts, aber auch tiefgehend. Zweige oft rutenförmig, überhängend. – Blätter wechselständig, elliptisch mit abgerundetem Grund, bis zur vorgezogenen Spitze scharf gesägt, kahl, mit bogenförmigen, vor dem Blattrand miteinander verbundenen Seitenrippen, oberseits lebhaftgrün, unterseits bläulichgrün; am Blattstiel meist zwei grüne Drüsen; gelbe oder rote Herbstverfärbung. – Blüten in reichblütigen, überhängenden Trauben, weiß, Blätter dünn, unterseits höchstens in den Blattnervenwinkeln spärlich behaart = Unterart *subsp. padus*, oder Blütentraube, abstehende bis aufrechte Blätter, derb mit stark hervortretendem Nerv, in den Blattnervenwinkeln vor allem büschelig behaart = Unterart *subsp. borealis*; immer am Ende beblätterte Kurztriebe, mit eigenartigem Geruch. Blütezeit: Mai–Juni. – Steinfrüchte erbsengroß, kugelig, reif glänzend schwarz, mit rundlich-eiförmigem oder zugespitztem, fruchtigem Kern; schmeckt bittersüß. – Keimblätter nach außen gewölbt, eiförmig, sitzend, vorne stumpfspitzig.

Im Unterwuchs von Auenwäldern, auf sickernassen, zeitweise überschwemmten, nährstoffreichen Lehm- und Tonböden; Grundwasserzeiger; Eschen- und Erlenbegleiter; bis in 1500 m Höhe. Vogelverbreitung und gute Bienenweide. In manchen Jahren starker Befall von der Gespinstmotte *(Hyponomeuta padella)*, die in Gespinsten lebt und die Blätter kahlfrißt. Diese Gespinstmotte geht auch auf Vogelbeere, Schlehe und Weißdorn. – Ganze Pflanze, besonders die Blätter, giftig. – Holz mit breitem gelbweißem Splint und braungelbem Kern, glänzt schwach; frisch mit unangenehmem Geruch. Holzbau: Schwarzerlen-Typ.

Verbreitung: Europa, Nordasien bis Korea und Japan.

Traubenkirsche • Öchsen

Vogelkirsche

Prunus avium L. (= Cerasus avium)

Bis 25 m hoher Baum, der 80–90 Jahre alt wird. – Rinde glatt, graubraun glänzend, mit quergestellten rostfarbenen Rindenporen, löst sich in Querbändern ab; im hohen Alter flachrissige dunkle Borke. – Kräftige weitstreichende Wurzeln. Kräftiger Stockausschlag, keine Wurzelbrut. – Blätter wechselständig, länglich-verkehrt, eiförmig, zugespitzt, am Grunde keilig oder abgerundet, grob gesägt, meist mit ganzrandiger Spitze, dunkelgrün, mit deutlichem Mittelnerv; am Blattstiel zwei große rote Drüsen. – Schöne rote Herbstverfärbung. – Blüten weiß, groß, langgestielt, zu zwei bis vier in abstehenden oder nickenden Büscheln an vorjährigen Kurztrieben; Büschel am Grunde von Knospenschuppen umhüllt. Blütezeit: April–Mai. – Früchte langgestielt, kugelig, reif schwarz glänzend, bittersüß, mit großem rundlichem und hellem Steinkern. Keimblätter verkehrt-eiförmig, fleischig, nach außen gewölbt, mit breiter Vertiefung längs der Mitte und stielartigen Drüsen am weißlichen Basalfleck der Oberseite.

Auf frischen, nährstoffreichen Böden; Lehmanzeiger; in Eichen-Hainbuchen-Wäldern, Waldrändern; Hecken bis 1700 m. Gute Bienentracht; Vogelverbreitung. Wegen der schönen Blüten und der auffallenden Herbstverfärbung auch in Parkanlagen und Gärten; gelegentlich auch gefüllte Formen. – In Vorarlberg sind alle wilden Kirschen (*Prunus*-Arten) teilweise geschützt. Es darf höchstens ein Handstrauß gepflückt werden. – Holz mit schmalem rötlichweißem Splint und rötlich-gelbbraunem Kern, sehr hart, glänzend; für Furniere und Möbel; Holzbau: Buchen-Typ.

Verbreitung: Europa bis Kleinasien, Kaukasus und Westsibirien.

Vogelkirsche

Eingriffeliger Weißdorn

Crataegus monogyna JACQ.

Dorniger Strauch, gelegentlich baumförmig, von 8 bis 10 m Höhe, mit spannrückigem Stamm, hellgrauer bis grauer, abblätternder Borke; langsamwüchsig; vom Stock ausschlagend; bis 70 cm stark und mehrere hundert Jahre alt. – Blätter vielgestaltig, tief eingeschnitten mit meist fünf bis sieben schmalen, spitzen Lappen, deren Seitenränder fast parallel laufen, glänzend, oben dunkelgrün, unterseits hell- bis bläulichgrün, am Grunde keilförmig bis fast gestutzt. – Blüten reinweiß mit aufrechten Doldenrispen, unangenehm riechend, Blütenstiele anfangs behaart; Griffel einer, seltener zwei; Blütezeit: Mai–Juni. – Scheinfrucht eiförmig oder länglich, blutrot, am Scheitel kraterförmig vertieft.

Sonnige Gebüsch- und Waldränder, in Hecken, besonders auf kalkhaltigen Böden, bis in 1000 m Höhe; weniger anspruchsvoll als der Zweigriffelige Weißdorn. Erträgt den Schnitt sehr gut, daher als Schnitthecke geeignet; blüht etwa 14 Tage später als der Zweigriffelige Weißdorn.

Zahlreiche Kulturformen, besonders mit roten, meist gefüllten Blüten (Rotdorn). Nahe verwandt mit dem Eingriffeligen Weißdorn, aber seltener, ist der **Gekrümmte Weißdorn**, dessen Kelchblätter meist dreimal so lang wie breit, abstehend und zurückgekrümmt sind. Früchte oft grün gefleckt; Blütenstand kahl. Ebenfalls in die Verwandtschaft des Eingriffeligen Weißdorns gehört **Lindmann's Weißdorn** *(Crataegus lindmanii)*, der in lichten Eichen-Hainbuchen-Wäldern verbreitet ist; seine Kelchblätter sind zuletzt aufgerichtet, mindestens doppelt so lang wie breit, mit zwei bis vier stark zugespitzten, gezähnten Blattlappen, die an einen kleinen Elsbeerbaum erinnern, unten stets hellgrün, kaum behaart, Blütenstand fast unbehaart. Beeren werden von Vögeln verbreitet; gutes Vogelschutzgehölz. – Weißdornextrakte wirken auf die Herzkranzgefäße erweiternd und blutdrucksenkend. – Holz fleischrot, schwer spaltbar, als Drechslerholz geeignet. – Holzbau: Buchen-Typ.

Verbreitung: Europa, Kaukasus bis Armenien, Sibirien, Himalaja, Syrien, Nordafrika.

Eingriffeliger Weißdorn

Zweigriffeliger Weißdorn

Crataegus laevigata (POIR.) DC. (= C. oxyacantha)

Langsamwüchsiger, bis höchstens 4 m hoher, dorniger, sperriger Strauch, selten baumförmig. – Blätter vielgestaltig, meist am Grunde keilförmig und im oberen Bereich mit drei einwärts gebogenen, stumpfen, gezähnten Lappen. – Blüten weiß oder rosa; zwei-, selten dreigriffelig. – Blütenstiele kahl. Blütezeit: Mai–Juni. – Früchte eilänglich, blutrot, am Scheitel kraterförmig vertieft, mit zwei, selten drei Steinkernen.

An Waldrändern, in Hecken, lichten Wäldern, auf trockenen Böden und schweren Lehmböden; von der Ebene bis in etwa 1000 m. Holz und Bedeutung ähnlich wie bei der vorhergehenden Art; auch als Tracht- und Pollenspender von Bedeutung. – Zerfällt ebenfalls in mehrere Unterarten. – In der Natur kommen außerdem noch verschiedene Kreuzungen vor.

In der Roten Liste ist der **Krummkelchige Weißdorn** für Niederösterreich als stark gefährdet (Gefährdungsstufe 2) angegeben. Der Zweigriffelige Weißdorn gilt in den westlichen Bundesländern als regional gefährdet. Stark gefährdet ist weiters der **Langkelchige Weißdorn**, und zwar in Vorarlberg, Kärnten und Niederösterreich. In Kärnten sind der Zweigriffelige und der Krummkelchige Weißdorn teilweise geschützt und der Langkelchige Weißdorn gänzlich geschützt.

Verbreitung: Europa, Nordafrika.

Zweigriffeliger Weißdorn

Gewöhnliche Zwergmispel, Bergmispel, Steinmispel

Cotoneaster integerimus MED.

Bis 1,5 m niedriger, graubraun berindeter Strauch. – Blätter spitzeiförmig, ganzrandig, oberseits stumpf-dunkelgrün, unterseits und am Stiel dicht weiß- oder gelbgraufilzig. – Blüten einzeln oder zu zwei bis fünf, auf kurzen Stielen, nickend. Blütezeit: April–Juni. – Scheinfrüchte kaum erbsengroß, scharlachrot, mit drei nicht verwachsenen, aus der Frucht herausragenden Steinkernen. – Holzbau: Buchen-Typ.
Kalkliebender, jedoch nicht kalksteter Pionierstrauch, auch auf Sandstein, Granit und Gneis. Die ganze Pflanze, besonders die Beeren, schwach giftig. – Am Alpenostrand in Niederösterreich, im nördlichen Burgenland, im südlichen und südöstlichen Weinviertel. – In der Steiermark und in Kärnten teilweise geschützt.
Verbreitung: Süd-, Südost- und Mitteleuropa.

Filzige Zwergmispel, Steinmispel

Cotoneaster tomentosus LINDL.

Ästiger Strauch, bis 2 m hoch; anfangs gelblichgrünfilzig, später dunkelbraun. – Blätter eiförmig bis breit-elliptisch, an der Spitze meist abgerundet, mit Stachelspitzen, oft ausgerandet, oberseits trübgrün, unterseits und am Stiel dicht weiß- oder gelbgraufilzig. – Blüten weiß bis hellrosa, in meist fünfblütigen, aufrechten Trugdolden, glockig. Blüten- und Kelchblätter dicht filzig. Staubblätter 20, Griffel drei, seltener vier bis fünf. Scheinfrucht blutrot, flaumig, verkehrt-eiförmig. Blütezeit: April–Mai.
Kalkanzeiger; in Trockenwäldern; zerstreut bis selten auf Felsen, steinigen und sonnigen Hängen, Gebüschen; bis 1600 m. – Ganze Pflanze, besonders die Beeren, schwach giftig. – In Salzburg, Oberösterreich, in Niederösterreich nur südlich der Donau; fehlt im Burgenland. In der Steiermark und in Kärnten teilweise geschützt.
Verbreitung: Europa.

Gewöhnliche Zwergmispel

Sauerdorn, Berberitze

Berberis vulgaris L.

Dorniger Strauch, reichlich Schößlinge, bis 3 m. Zweige rutenförmig, stark gefurcht; Rinde hellbraun. – Blätter wechselzähnig, kurzgestielt, länglich-eiförmig, am Grunde verschmälert, am Rande scharf dornig gewimpert, derb, in Büscheln in den Achseln von eins bis sieben meist dreiteiligen Dornen, die umgewandelte Blätter der Langtriebe darstellen. Rote Herbstfärbung. – Blüten in hängenden Trauben, klein, gelb, stark riechend bis stinkend; Blütezeit: Mai–Juni. – Beerenfrüchte hochrot, länglich, sauer, mit ein bis zwei, selten mehr Samen.
Gedeiht in sonnigen Hecken, an Gebüsch- und Wegrändern; in lichten Eichen- und Kiefernwäldern, in Auen; besonders auf Kalkboden. – Beeren zur Saft- und Essigerzeugung geeignet; Vogelverbreitung. – Holz durch einen Farbstoff (Berberin) gelb gefärbt, dient zum Färben der Wolle. Zwischenwirt des Getreiderostes *(Puccinia graminis)*, daher in Getreideanbaugebieten unerwünscht. Die Staubfäden sind mechanisch reizbar. Wenn ein Insekt die orangen Nektardrüsen an der Basis der Kronblätter berührt, bewegen sich die Staubblätter nach innen und streifen den Pollen zur Verbreitung am Insekt ab. – Ganze Pflanze mit Ausnahme der reifen Beeren schwach giftig. – Holz gelb; für Einlege- und Drechslerarbeiten. – Holzbau: Kreuzdorn-Typ, jedoch mit lebenden, stärkespeichernden Holzfasern.
Verbreitung: Europa, Noramerika, Mittelasien.

Sauerdorn • Berberitze

Besenginster

Cytisus scoparius (L.) LK. (= Sarothamnus scoparius)

Bis 2 m hoher Strauch mit aufrechten, rutenförmigen, kantig gefurchten, grünen und spärlich belaubten Zweigen. – Tiefe Hauptwurzel und weitstreichende Seitenwurzeln mit reichlicher Knöllchenbildung. – Blätter wechselständig, nur sehr spärlich vorhanden; untere kurzgestielt, kleeförmig dreizählig, nach oben zu oft nur noch einfach, sitzend, verkehrt-lanzettlich, etwas angedrückt behaart, ganzrandig. – Schmetterlingsblüten, groß, goldgelb, gestielt, einzeln oder zwei, blattwinkelständig mit uhrfederartig aufgerolltem Griffel. Blütezeit: Mai–Juni. – Hülsen flach, reif schwarz, an den Nähten zottig bewimpert. – Samen klein, zahlreich, bohnenförmig, gelblich oder grünlichbraun, bleibt lange keimfähig; keimt nach Aussaat erst im zweiten Frühling.
Oft massenweise auf trockenen, lockeren Sandböden und an sonnigen felsigen Plätzen, an Wegrändern, in Kiefernwäldern und auf Heiden; bevorzugt kalkarme, saure Standorte; von der Ebene bis in 900–1000 m. – Alle Pflanzenteile giftig.
Der Name erinnert an die Verwendung der Äste als Besen. Guter Bodenfestiger, der außerdem mit stickstoffbindenden Bakterien in Symbiose lebt; besonders zur Befestigung von Böschungen geeignet; allerdings frostempfindlich; gute Bienenweide; auch zur Reh- und Hasenäsung. – Holz weiß, im Kern braun. – Holzbau: Kreuzdorn-Typ.
Verbreitung: Mittel- und Südeuropa.

Besenginster

Alpen-Goldregen

Laburnum alpinum (MILL.) PRESL

Blätter kahl oder nur spärlich bewimpert; Hülse jung kahl. Ebenfalls alle Teile stark giftig. – In den Südalpen beheimatet, reicht dieser bis zu 5 m hohe Baum nach Südkärnten; vor allem in der Buchenstufe bis über 1500 m; gelegentlich in Kultur. In Kärnten teilweise geschützt.
Verbreitung: Südeuropa, Alpen.

Gewöhnlicher Goldregen

Laburnum anagyroides MED.

Strauch- bis baumartig von bis zu 7 m Höhe und bis 30 Jahre alt. – Rinde glatt, olivbraun oder schwärzlich, mit zahlreichen quergestellten Korkporen. – Großes Ausschlagsvermögen, keine Wurzelbrut; Wurzeln flach- und weitstreichend. – Blätter wechselständig, langgestielt. Dreizählig, kleeähnlich; Fiedern elliptisch, ganzrandig, oberseits dunkelgrün, kahl, unterseits graugrün. – Blüten goldgelbe Schmetterlingsblüten in langen, hängenden, reichblütigen Trauben. – Hülsen knotig, an den Kanten wulstig, reif bräunlichgrau und fast kahl. – Samen etwas hackig gekrümmt.
In Bergwäldern, auf Holzschlägen, auf sonnigen, trockenen Kalkhängen; meidet nasse Standorte; bis in 1000 m Höhe. – Wildwachsend oder eingebürgert im Burgenland, östlichen Niederösterreich, Südkärnten.
Oft kultiviert, dürfte jedoch am Nöstlberg bei Weiz im Hopfenbuchenniederwald spontan vorkommen. – Alle Pflanzenteile sind stark giftig. – Holz mit schmalem gelbweißem Splint und schwarzbraunem Kern, glänzend, hart. Holzbau: Flatterulmen-Typ.
Verbreitung: Südfrankreich bis Rumänien, nach Norden bis Süddeutschland.

Alpen-Goldregen

Blasenstrauch

Colutea arborescens L.

Reichverzweigter Strauch, bis 3 m hoch; Rinde zuerst hellgrün, dann graubraune, zerfasernde Borke. – Blätter sieben- bis elfzählig, unpaarig gefiedert, oberseits gelblichgrün, unterseits blaßbläulichgrün. Blättchen kurz gestielt. – Schmetterlingsblüten goldgelb, in armblütigen, blattwinkelständigen Trauben; Fahne rotbraun gezeichnet, fast kreisrund, Griffel eingerollt, auf der Innenseite mit Griffelbürste, darüber mit einem Haarkranz umgebene Narbe. – Hülse nikkend, gestielt, auffallend blasenförmig, schwach geadert, nicht aufspringend, sondern im Laufe des Winters verwitternd. – Samen 30–40, mit ziemlich langem Nabelstrang, nierenförmig, glatt, schwärzlich. In Blättern und Samen ein Bitterstoff, der giftig ist. Blüht fast den ganzen Sommer.
Im ganzen Mittelmeergebiet auf sonnigen, warmen Hängen verbreitet. In Österreich nur im pannonisch beeinflußten Gebiet des nördlichen Burgenlandes, im Leitha- und Rosaliengebirge, am Alpenostrand, im östlichen Wienerwald und südlichen bis nördlichen Weinviertel, unterstes Kamptal; vorwiegend auf Kalkstandorten. – Nach der Roten Liste in Vorarlberg bereits verschwunden, in Tirol, Niederösterreich und im Burgenland gefährdet (Gefährdungsstufe 3). Oft als Zierstrauch kultiviert und verwildert.
Verbreitung: Südeuropa, Nordafrika.

Strauchkronwicke

Coronilla emerus L. subsp. emerus L.

Stark verzweigter, bis zu 2 m hoher Strauch; Zweige grün, assimilierend, mit weißlichen Rippen, Adventivsprosse treibend. – Blätter mit fünf bis neun unpaarigen Fiederblättchen, frischgrün, unterseits blaugrün abgerundet oder etwas ausgerandet. – Schmetterlingsblüten in meist zweiblütigen Dolden, leuchtend gelb; Hülsen hängend, stielrund, olivgrün, oft erst im Spätherbst zerfallend. Blütezeit: Mai–April.
In lichten und sonnigen, trockenen Laubwäldern und im warmen Buchenwald; an Waldsäumen; kalkliebend, frostempfindlich, wärmeliebend, bis in über 1000 m.
In der nacheiszeitlichen Wärmezeit in die Alpen und nach Norden gewandert. In Österreich im Alpenvorland von Niederösterreich,

Blasenstrauch

Strauchkronwicke

Oberösterreich, im Burgenland, in Salzburg, von Nordtirol bis Vorarlberg und in Kärnten verbreitet, in der Steiermark nur um Bad Aussee. Blätter enthalten wie beim Blasenstrauch einen Bitterstoff. Oft als Zierstrauch kultiviert und gelegentlich verwildert.
Verbreitung: Mittel- und Südeuropa.

Breitblättriger Spindelstrauch

Euonymus latifolia (L.) MILL.

Strauch, bis 5 m hoch; mit aschfarbenen, zuletzt feinrissigen Zweigen; Blätter groß, gekreuzt gegenständig, verkehrt eiförmig bis elliptisch, kurz zugespitzt, kerbig gesägt, tiefgrün, unterseits heller. – Blüten bläulichgrün, meist fünfzählig, in langgestielten Trugdolden. Blütezeit: Mai-Juni. – Kapselfrüchte langgestielt, groß, purpurn, meist fünffächerig, geflügelkantig. – Samen weiß, vom orangefarbenen Samenmantel ganz umhüllt; giftig.
In Buchen-Nadel-Mischwäldern, in schattigen Laubmischwäldern, an Waldrändern; häufiger auf Kalk als auf Kristallin; bis in 1000 m Höhe. – In Kärnten teilweise und in Oberösterreich vollkommen geschützt. – Holzbau: Kreuzdorn-Typ.
Verbreitung: Südeuropa bis Kleinasien.

Pfaffenkäppchen, Gewöhnlicher Spindelstrauch

Euonymus europaea L.

Bis 6 m hoher, sperriger Strauch oder kleiner Baum; sehr ausschlagfähig; Zweige grau- oder rotbraun mit anfangs grünen und später braungrünen, bisweilen geflügelten Zweigen. – Blätter gekreuzt gegenständig, kurzgestielt, lanzettlich, am Rande feingesägt, kahl, oberseits sattgrün, unterseits heller; purpurrote Herbstfärbung. – Zwittrige Blüten klein, hellgrün, mit vier schmalen Kronblättern, in achselständigen, langgestielten, armblütigen Trugdolden. Blütezeit: Mai-Juni. – Früchte erinnern an das Birett, die Kopfbedeckung der Geistlichen, daher der Name! Frucht reif eine rosen- oder karminrote Kapsel mit stumpfen oder gekielten Kanten, die mit vier Klappen aufspringt; vier Samen, eiförmig, weißlich, vom fleischigen, orangefarbenen Samenmantel umgeben.
In krautreichen Auenwäldern, auf tiefgründigen Ton- und Lehmböden, auch auf kalkreichen Böden, an Waldrändern und lichten Wäldern; bis in über 1000 m Höhe.
Alle Pflanzenteile, vor allem die Früchte, sind stark giftig. Am Grunde des Strauches sind auf den ältesten Ästen häufig die Fruchtkörper des Stachelbeer-Feuerschwammes *(Phellinus ribis var. euonymae)* anzutreffen. – In Oberösterreich sind alle Arten vollkommen geschützt. – Holz gelblichweiß, hart, für Drechslerarbeiten. – Holzbau: Kreuzdorn-Typ.
Verbreitung: Europa bis Westasien.

Pfaffenkäppchen • Gewöhnlicher Spindelstrauch

Breitblättriger Spindelstrauch

Warziger Spindelstrauch

Euonymus verrucosa SCOP.

Bis über 2 m hoher Strauch; die Zweige dicht mit dunklen Korkwarzen besetzt. – Blätter gegenständig, klein, länglich-elliptisch oder eiförmig, am Grunde abgerundet oder keilförmig verschmälert, fein gekerbt-gesägt, oberseits sattgrün, unterseits hellergrün. – Blüten blattachselständig in ein- bis dreiblütigen Trugdolden; Kronblätter am Rande fransig, rotbraun. Blütezeit: Mai–Juni. – Kapsel mit vier abgerundeten Kanten, rosenrot bis gelbrot. – Samen kugelig, schwarz, vom scharlachroten Mantel teilweise umhüllt, an dünnen Fäden lang aus der Kapsel herabhängend, giftig.
In trockenen Gebüschen, Hecken, Waldrändern, lichten Wäldern; vom Tiefland bis in die obere Bergstufe. – In Oberösterreich ausgestorben, ausgerottet oder verschollen. In den Bundesländern Tirol, Kärnten, Niederösterreich und Burgenland regional gefährdet. In Kärnten teilweise und in Oberösterreich vollkommen geschützt.
Verbreitung: Südeuropa, Kaukasus, Kleinasien, Nordpersien.

Warziger Spindelstrauch

Perückenstrauch

Cotinus coggygria SCOP. (Rhus cotinus)

Bis über 3 m hoher Strauch von kugeliger bis ausgebreiteter Krone. – Blätter wechselständig, kurzgestielt, breit eiförmig-rundlich, am Grunde plötzlich und kurz in den Stiel verschmälert, vorne stumpf, ganzrandig, kahl, oberseits grün, unterseits bläulichgrün, mit etwas vortretenden Fiedernerven. – Blüten in reichlich verzweigten endständigen pyramidenförmigen Rispen, klein fünfzählig, Kronblätter grünlichweiß; die meisten Blüten sind unfruchtbar und fallen ab. Fruchtknoten oberständig, Griffel drei. Die Stiele der unfruchtbaren Blüten verlängern sich, verfärben sich rötlich, sind abstehend behaart, so daß ein perückenähnlicher Fruchtstand entsteht. – Frucht länglich, klein, eine grüne Steinfrucht mit einem Samen; ohne Nährgewebe. Blütezeit: Mai–Juni.

Gelegentlich kultiviert; Herbstfärbung gelb bis brennend rot; wächst an sonnigen, steinig-felsigen Hängen, lichten Waldrändern und Gebüschen; von der Ebene bis 900 m. Rinde stark gerbstoffhältig. Holz mit stark gerbstoffhältigem, grünlichgelb gefärbtem Kern, der den gelben Farbstoff Fisetin enthält, der früher in der Wollfärberei benutzt wurde. In Österreich selten; nur in Niederösterreich bei Baden und Vöslau, im nördlichen Weinviertel, im Kremstal und in der Steiermark nördlich von Graz. In der Steiermark vollkommen geschützt. Nach der Roten Liste in Niederösterreich und in der Steiermark gefährdet (Gefährdungsstufe 3). – Die ganze Pflanze ist schwach giftig.

Verbreitung: Südeuropa bis Mittelchina und Nordwest-Himalaja.

Perückenstrauch

Felsen-Johannisbeere

Ribes petraeum WULF.

Bis 2 m hoher, dunkelberindeter Strauch; Laubblätter drei- bis fünflappig, groß mit dreieckigen spitzen Lappen, am Grunde mehr oder weniger herzförmig; Blattstiel mehr als halb so lang wie die Blattspreite; Blüten in hängenden, vielblütigen Trauben, rotbraun; Frucht kugelig, rot, sehr sauer; Blütezeit: Mai–Juni.
Charakteristischer Strauch der subalpinen Nadelwaldstufe; bis 2400 m im Hochstauden- und Grünerlengebüsch sowie in hochstaudenreichen Berg-Mischwäldern; schattenliebend, kalkmeidend. Beeren werden zur Marmeladenbereitung verwendet, daher auch kultiviert.
Verbreitung: Gebirge von West- und Mitteleuropa.

Steinbrechgewächse • *Saxifragaceae*

Berg-Johannisbeere

Ribes alpinum L.

Kleiner, nur bis 1,5 m hoher Strauch mit unterseits fettglänzenden Blättern, die viel kleiner sind als bei der Felsen-Johannisbeere; Blattstiel kaum halb so lang wie die Blattspreite; Blütentrauben aufrecht, Blüten unvollkommen zweihäusig, grünlichgelb; männliche Blütenstände zehn- bis dreißigblütig, weibliche zwei- bis sechsblütig; Blütezeit: April–Juni; Beeren scharlachrot, mit fadem Geschmack.
Vereinzelt wildwachsend kommt bei uns noch die **Stachelbeere** *(Ribes uva-crispa)* in Auenwäldern und auf staunassen Böden vor; ein bestachelter, bis 1,5 m hoher Strauch mit ein bis drei grünlichen Blüten und gelbgrünen, zuerst behaarten Früchten, sowie auch die **Schwarze Johannisbeere** *(Ribes nigrum)*, die auch wegen ihres hohen Vitamin-C-Gehaltes kultiviert wird, an ihrem intensiven Geruch und den schwarzen Beeren leicht kenntlich, und bis in 1000 m Höhe als schattenliebende Pflanze an Gebüsch- und Waldsäumen vorkommt.
Eine Wildform, die **Ährige Johannisbeere** *(Ribes spicatum)*, kommt in Niederösterreich und in Vorarlberg vor, wo sie gefährdet (Gefährdungsstufe 3) ist.
Verbreitung: Gebirgswälder von Europa und Sibirien.

Berg-Johannisbeere

Felsen-Johannisbeere

Pfeifenstrauch, Falscher Jasmin

Philadelphus coronarius L.

Strauch, bis 3 m Höhe, Zweige tiefbraunrot bis kastanienbraun; Laubblätter eiförmig-elliptisch, dünn, zugespitzt, netznervig mit stark hervortretenden Nerven auf der Blattunterseite; Blütenstand traubig mit ein bis zehn weißen, wohlriechenden Blüten, vierzählig, zwei bis drei Zentimeter im Durchmesser, Blütezeit: Mai–Juni; 20–40 Staubgefäße, Griffel drei bis fünf, Fruchtknoten unterständig, Kapselfrucht.
Wegen der schönen, wohlriechenden Blüten häufig in Gärten und Parkanlagen kultiviert. Spontan in der Steiermark, als Seltenheit in der Weizklamm, östlich von Graz (geschützter Landschaftsteil), im Buchenwald, auf ca. 600 m, gemeinsam mit der submediterranen Hopfenbuche und mit Alpenpflanzen; postglazial, eingewanderte submediterrane Reliktpflanze, die aus Südosteuropa stammt. In der Roten Liste als potentiell gefährdet (Gefährdungsstufe 4) ausgewiesen – auch in Oberösterreich. In der Steiermark vollkommen geschützt. – Holzbau: Buchen-Typ.
Verbreitung: Italien bis höchstwahrscheinlich Kaukasus.

Pfeifenstrauch • Falscher Jasmin

Stechpalme, Stechlaub, Schradl, Hülse

Ilex aquifolium L.

Bis 10 m hoher und mehrere hundert Jahre alt werdender Baum oder Strauch mit kegelförmiger Krone, Rinde grau, großes Ausschlagvermögen; Blätter wechselständig, immergrün, lederartig, kurzgestielt, ei-elliptisch, oberseits glänzend tiefgrün, unterseits hellgrün, Rand wellig und dornig gezähnt (bei unteren Zweigen) bis ungezähnt (bei oberen Zweigen); Blüten durch Verkümmern eines Geschlechts zweihäusig, Blütenstände in den Blattachseln, meist büschelig, Blüten weiß bis rötlichweiß, klein, vierzipfelig, wohlriechend; Blütezeit: Mai–Juni. Staubblätter meist vier, Fruchtknoten vier; beerenähnliche Steinfrüchte leuchtend korallenrot, mit vier bis fünf harten, einsamigen Steinkernen; ungenießbar.
Als Schattenpflanze im Unterwuchs von Buchen- und Buchen-Tannen-Wäldern, in Hecken und Gebüschen; auf Kalk- und Sandböden; bis über 1000 m; benötigt wintermild-humides Klima. Gut schnittverträglich, in vielen Zierformen; gute Bienentracht. – Beeren und Blätter stark giftig. – Holz matt grünlichweiß, hart; Holzbau: Buchen-Typ. – Fehlt in Kärnten und im Burgenland. Nach der Roten Liste gefährdet (Gefährdungsstufe 3). In Niederösterreich, Oberösterreich, Salzburg, der Steiermark und Tirol vollkommen und in Vorarlberg und Wien teilweise geschützt.
Verbreitung: West-, Mittel- und Südeuropa, Nordafrika, Kleinasien bis Persien.

Stechpalme • Stechlaub • Schradl • Hülse

Deutsche Tamariske, Ripelstrauch

Myricaria germanica (L.) DESV.

Kleiner, zierlicher Strauch, der bis zu 2 m hoch wird; rutenförmig. Zweige kahl, gelbgrün bis purpurrot; großes Ausschlagvermögen. – Blätter wechseln ständig, dem Heidekraut ähnlich, dachziegelig sitzend, jung sich deckend, alt abstehend, sehr klein, schuppenförmig, lineallanzettlich, bläulichgrün. – Blüten klein, blaßrosa, kurzgestielt, fünfzählig, in Achseln häutiger Deckblätter, zu walzigen Ähren angeordnet; Blütezeit: Mai–September. – Früchte bläulichgrüne Kapseln, dreiklappig aufspringend, mit zahlreichen sehr kleinen Samen mit zierlicher Federkrone.
Pionierstrauch, auf Schotterflächen, Kies- und Sandbänken von Flüssen, an Ufern, in Voralpen- und Bergstufe, in kleinen, dichten Beständen; bis 1100 m. In Vorarlberg und Niederösterreich ausgestorben, ausgerottet oder verschollen, in den übrigen Bundesländern stark gefährdet (Gefährdungsstufe 2). In der Steiermark und in Kärnten vollkommen geschützt. – Holzbau: Flatterulmen-Typ.
Verbreitung: Mittel- und Südeuropa.

Deutsche Tamariske • Ripelstrauch

Bergulme, Bergrüster

Ulmus glabra HUDS. (= U. montana)

Großer Baum, bis 30 m hoch und bis 400 Jahre alt. Junge Zweige und Knospen behaart. – Borke längsgefurcht, Stockausschlag, jedoch keine Wurzelbrut, Tiefwurzler. – Blätter wechselständig, zweizeilig angeordnet, groß, kurzgestielt, breiteiförmig, im oberen Drittel am breitesten, beiderseits rauh, scharf doppeltgesägt, zugespitzt, oft dreizipfelig, jederseits mit 13–20 meist gegabelten Nerven; Blattgrund oft fast symmetrisch, mehr oder weniger geöhrt. – Blüten zwittrig, sehr kurz gestielt, in Knäueln, rötlichviolett. Windblütler; Blüten erscheinen vor Blattausbruch im Februar bis April; Früchte kurzgestielt, ringsum geflügelt, graugrün; Nüßchen meist in der Mitte des Flügels.

In Schluchtwäldern und Hangwäldern, auf nährstoffreichen Böden bis in 1400 m Höhe. Häufig als Alleebaum und Hausbaum gepflanzt, jedoch durch das Ulmensterben stark bedroht. Wurde in manchen Gebieten auch geschneitelt. – Holz mit gelblichweißem Splint und blaßbraunem Kern, hart, schwer spaltbar, für Möbel, Furniere und Drechslerei geeignet. – Holzbau: Flatterulmen-Typ.
Verbreitung: Nord- und Mitteleuropa, Kleinasien.

Bergulme • Bergrüster

Feldulme

Ulmus minor MILL. (= U. campestris)

Bis 30 m hoher Baum, der mehrere hundert Jahre alt werden kann. Im Bestandsschluß langschäftig, im Freistand mit breiter, dichtbelaubter Krone, neigt zur Zwieselbildung. – Rinde bräunlichgrau, glatt; Borke dunkelbraun, rechteckig zerklüftet. – Tiefwurzler. – Bildet Maserköpfe am Stamm und schlägt reichlich vom Stock aus, auch Wurzelbrutbildung. Junge Zweige vereinzelt oft mit unterbrochenen, mehreren flügelartigen Korkleisten (Korkulme, *var. suberosa). –* Blätter wechselständig, zweizeilig angeordnet, herb, eiförmig, größte Breite in der Mitte, einfach bis doppelt gesägt, oberseits meist kahl, glänzend dunkelgrün, unterseits heller, in den Nervenwinkeln behaart; jederseits mit 8–12 bzw. bis zu 13 Seitennerven; Blattgrund deutlich asymmetrisch. – Blüten zwittrig, sehr kurz gestielt, in Knäueln, rot oder gelblich. Blütezeit: März–April. – Früchte kahl, ringsum breitgeflügelt, fast stiellos, anfangs grün, später gelblich. Nüßchen exzentrisch, nahe der oberen Einkerbung des Flügels.
Wärme- bis lichtbedürftiger, anspruchsvoller Baum, der mineralstoffreiche, tiefgründige, lockere und frische Böden verlangt. Häufig in Auenwäldern, Hangwäldern, in Feldgebüschen, an Weg- und Waldrändern, bis in 600 m Höhe. – Nicht zu übersehen sind die großen, blasigen Gallen an den Feldulmenblättern, die von der Ulmen- oder Birnenblattlaus *(Schizoneura lanuginosa)* stammen. – Holz ist ähnlich den anderen Arten, gute Pollentracht. – Holzbau: Flatterulmen-Typ. Das Holz der Ulmen ist im Mikroskop nicht zu unterscheiden; alle drei Arten, die als Allee- oder Parkbäume von Bedeutung waren, sind durch das Ulmensterben bedroht, das von einem Pilz *(Ceratocystis ulmi)* ausgelöst wird, der aus Asien über Amerika schon zur Zeit des 1. Weltkrieges nach Holland eingeschleppt wurde, von wo er sich über ganz Europa in mehreren Schüben ausbreitet. Der Pilz wächst in den weitlumigen Gefäßen, die er mit seinen Pilzhyphen verstopft und so die Wasserleitung unterbindet (Tracheomykose). Die Ulmen vertrocknen dann allmählich. Der Pilz wird vom Ulmensplintkäfer *(Scolytus* -Arten) beim Reifefraß verbreitet.
Verbreitung: Europa bis Mittelmeergebiet.

Feldulme

Flatterulme

Ulmus laevis PALL. (= U. effusa)

Bis 25 m hoher Baum, der bis zu 250 Jahre alt wird; Borke graubraun, längsrissig, in flachen, gekrümmten Schuppen abblätternd. – Tiefwurzler mit brettförmigem Wurzelansatz und teilweise mit Wurzelbrut. – Blätter wechselständig, zweizeilig angeordnet, in der Mitte am breitesten, scharf doppeltgesägt, Hauptzähne nach vorne gekrümmt, oberseits kahl, glänzend grün, unterseits heller, kurzhaarig, jederseits mit 12–19 im oberen Drittel fast niemals gegabelten Seitennerven, am Grunde deutlich asymmetrisch. – Blüten zwittrig, langgestielt, in Büscheln, flatterig (Name!), rötlich bis violettbraun. – Früchte kleiner als bei der Berg- und Feldulme, langgestielt, hängend, Flügelränder deutlich bewimpert. Blütezeit etwa zwei Wochen später als bei der Berg- und Feldulme. Nüßchen in der Mitte des Flügels. Kurze Keimfähigkeit bei allen Ulmen. – Keimblätter bei allen Ulmen ähnlich; kurzgestielt, verkehrt eirund, an der Spitze eingebuchtet, am Grunde pfeilförmig ausgeschnitten, fleischig, unterseits weißlich, oberseits schwach behaart.
Wärme- und lichtbedürftiger Baum der Auenwälder und der Hügelstufe, auch auf zeitweise überschwemmten und wasserstauenden Böden (Gleyanzeiger). – Holz ist weniger wertvoll als bei der Berg- und Feldulme; Holzbau: Flatterulmen-Typ: zyklopore Gefäße, die einfach durchbrochen sind, umgeben von Tracheiden und totem Holzfasergewebe; die Gefäße sind weitgehend vom Grundgewebe durch Parenchymscheiden isoliert. Die Holzstrahlen sind im Querschnitt bis zu sechs Zellreihen breit.
Verbreitung: Mittel- und Südosteuropa, Kaukasus.

Flatterulme

Silberpappel

Populus alba L.

Großer Baum, bis 30 m hoch, erreicht ein Höchstalter von 300 bis 400 Jahren. – Rinde glatt weißgrau, im Alter längs aufreißend. Reichliche Wurzelbrut, die für Stecklingsvermehrung geeignet ist. Wurzeln weit ausstreichend. – Blätter wechselständig, sehr variabel, dick, lederig, oberseits glänzend dunkelgrün, kahl; an Kurztrieben eiförmig, buchtig gezähnt, unterseits grünlich, schwach weiß behaart; an Langtrieben handförmig gelappt, unterseits dicht weißfilzig. – Blüten zweihäusig, Kätzchen der Zitterpappel ähnlich, jedoch Narben gelblichgrün bis rosa. Blütezeit: März–April. – Kapselfrüchte hellbraun, kahl, aufgesprungen mit zurückgekrümmten Klappen. – Samen länglich birnförmig, mit wolligem Haarschopf; größer und heller als bei der Zitterpappel. – Keimblätter ähnlich der Zitterpappel.

In Auenwäldern und Auenverlichtungen, auch noch auf Sandböden; wächst an trockeneren Standorten als die Schwarzpappel. Nach der Roten Liste regional gefährdet. – Holz mit gelbbraunem Kern und breitem Splint. – Holzbau: Roßkastanien-Typ.

In der Natur und ebenso in der Kultur kommen zahlreiche Kreuzungen vor. Eine solche Kreuzung ist die **Graupappel**, ein Kreuzungsergebnis zwischen Silberpappel und Zitterpappel (= *Populus x canescens).*

Verbreitung: Mittel- und Südeuropa bis Nordafrika und Mittelasien.

Als raschwüchsige Baumarten wurden zahlreiche Pappeln aus Nordamerika eingeführt und mit einheimischen oder kanadischen Pappeln eingekreuzt und auf naß-feuchten Standorten aufgeforstet.

Silberpappel

Schwarzpappel

Populus nigra L.

Baum bis zu 30 m hoch und mehrere hundert Jahre alt. – Rinde in der Jugend grauweiß, später vom Fuße aufwärts eine tiefrissige schwärzliche Borke, ähnlich der Eichenborke. Wulstige Rindenporen. – Wurzel flach und weit ausstreichend. Reichlicher Ausschlag und Wurzelbrut. – Blätter wechselständig, rundlich-dreieckig bis rautenförmig, lang zugespitzt, am Grunde abgestutzt oder breit keilförmig, mit durchscheinendem, feinkerbig gesägtem Rand, kahl, oberseits frischgrün, unterseits etwas heller. Blattstiel seitlich zusammengedrückt. – Blüten zweihäusig; männliche Kätzchen dick-walzig, hängend, mit purpurnen Staubbeuteln; weibliche Blüten schlanker, mit gelblichen Narben. Blütezeit: März–April. – Kapselfrüchte, dick, spitz, grünlichbraun, kahl, deutlich gestielt. – Samen hellbraun, mit schneeweiß-wolligem Haarschopf. – Keimblätter ähnlich wie bei der Zitterpappel.

In Weichholz-Auen, vor allem im Übergang zu Hartholz-Auen, auf feuchten bis periodisch überschwemmten Standorten. Oft als Zier- und Alleebäume, Probleme in Stadtgebieten mit Wollhaaren bei weiblichen Pflanzen. Sehr raschwüchsig, jedoch sehr brüchig. Vermehrung durch Stecklinge möglich. – Gute Pollentracht. – Nach der Roten Liste regional gefährdet. – Die schraubig verdickten Blattstiele bei der Schwarzpappel gehen auf die „Spiralgallenlaus" *(Pemphigius spirothecae)* zurück. Die Blätter der Schwarzpappel und ihrer Bastarde werden von der Marssonia-Krankheit *(Drepanopezizza punctiformis)* befallen, einem Pilz, der auf den Blättern kleine schwarzbräunliche Punkte hervorruft, die die Blätter bereits im Sommer zum Verwelken bringen können. Der Rindenbrand, auch „Rindentod der Pappel" genannt, ist durch ellipsenförmiges Absterben der Rinde oder der Zweige von 2- bis 4-jährigen Pappeln erkenntlich. Für diesen Pilz *(Cryptodiaporthe populea* oder *Dothichiza populea)* sind besonders die Schwarzpappeln und ihre Bastarde anfällig. – Holz gelblichweiß, im Kern hellbräunlich, ohne Markflecken, sehr leicht, weich; für Furniere, Zellstoff- und Papierindustrie. Das Holz gehört seinem Bau nach zum Roßkastanien-Typ: kleinporige Gefäße, einfach durchbrochen, umgeben von einem Grundgewebe aus toten Holzfasern; Holzparenchym nur in Einzelsträngen. Holzstrahlen schmal, jedoch zum Unterschied vom Weidenholz aus gleichartigen Zellen (homogen) bestehend; alle Pappelhölzer sind sehr ähnlich gebaut.

Verbreitung: Nordafrika bis Mitteleuropa, im Osten bis über den Jenissei reichend.

Vermutlich aus Kleinasien stammt eine Varietät der Schwarzpappel, nämlich die **Pyramidenpappel** *(Populus nigra var. italica)*, die als raschwüchsiger Park- und Alleebaum sehr beliebt ist. Sie wird über 30 m hoch; kann wie die anderen Pappeln zwar mehrere hundert Jahre alt werden, oft schon ab dem 30. oder 40. Lebensjahr kernfaul. Wurzelanläufe brettartig vorspringend; Krone mit senkrecht stehenden Seitenästen, schmal, pyramidenförmig. Schon von Napoleon zur trigonometrischen Markierung gepflanzt. Selten Blüten und Samen bildend; nur durch Setzstangen und Stecklinge zu vermehren.

Zitterpappel, Aspe

Populus tremula L.

Baum bis zu 35 m Höhe und bis etwa 100 Jahre alt. – Rinde gelblichgrau und glatt; im Alter Borkenwülste, Borke längs aufreißend. Rundliche, rostfarbene Lentizellen. – Stockausschlag und reichlich Wurzelbrut. – Bewurzelung flach und weitstreichend. – Blätter wechselständig, eiförmig, fast kreisrund, grob und unregelmäßig gezähnt, kahl, oberseits lebhaft grün und glänzend, unterseits hellgrün, an langen plattgedrückten Stielen, die bei Windbewegung die Blätter in zitternde Bewegung versetzen; Blätter der Wurzel- und Johannistriebe ähnlich den Schwarzpappelblättern. – Blüten zweihäusig, Kätzchen groß, dick, hängend, grauzottig, mit karminroten Staubbeuteln oder karminroten Narben. Blütezeit: März–April, vor Laubausbruch. Kapselfrüchte grünlichbraun, zweiklapppig, langgestielt. – Samen kleine, runde, gelbliche Nüßchen mit weißwolligem Haarschopf. – Keimblätter spatenförmig, gestielt. Samen nur kurz keimfähig.
Pionierbaum auf Kahlschlägen, häufig in lichten Wäldern, an Waldrändern und in Hecken; von der Ebene bis in etwa 1300 m Höhe. – Nicht durch Stecklinge vermehrbar, gute Pollentracht. – Holz: kernlos, schmutzigweiß, leicht, gut spaltbar, sehr weich; vor allem als Zellulose und Faserholz genutzt, auch für Streichhölzer und Spanplatten. – Holzbau: Roßkastanien-Typ. Verbreitung: Europa, Nordafrika, Kleinasien, Sibirien.

Zitterpappel • Aspe

Weiden, Palmkätzchen

Salix-Arten

Neben den Brombeeren und Rosen sind die Weiden die dritte Gruppe von Holzgewächsen, die in der Natur sehr häufig untereinander bastardieren, so daß es beim Abgrenzen der einzelnen Arten und beim Bestimmen zu Schwierigkeiten kommen kann. Die Anzahl der Weiden in Österreich beträgt, außer den Kreuzungen, etwa um 40.

Allgemeine Merkmale

Reichste holzige Gruppe, in der Zwergsträucher, Sträucher und Bäume vorkommen, die bis über 20 m hoch und vereinzelt über 100 Jahre alt werden. – Krone häufig besenförmig. – Zweige rutenförmig. – Rinde sehr lange glatt, im Alter längsrissig. – Wurzeln weitausstreichend, aber nicht tiefgehend. – Reichlicher Stock- und Stammausschlag und – mit Ausnahme der Salweide – durch Stecklinge und Setzstangen vegetativ vermehrungsfähig. – Blätter kurzgestielt, meist länglich, elliptisch, ungeteilt; gut zum Bestimmen geeignet. – Blüten zweihäusig, in meist aufrechten Kätzchen; die männlichen Blüten mit zwei, seltener drei, fünf oder mehr Staubgefäßen; am Grunde der Staubgefäße oder des Fruchtknotens ein oder zwei Honigdrüsen. Blütezeit teils vor und teils nach Laubausbruch. – Frucht zweiklappig aufspringende Kapsel. – Samen klein, mit Haarschopf. Der Same reift Juni–Juli; Windverbreitung, sehr kurze Keimfähigkeit. – Keimpflanzen sehr klein, mit ovalen, langgestielten Keimblättchen.

Von der Ebene bis in die alpine Stufe verbreitet, wo die von LINNE als „kleinster Baum" *(„arbor minima")* bezeichnete **Krautweide** *(Salix herbacea)* bis in 2400 m Höhe wächst. Anspruchslose und genügsame Gehölze, die als Pionierpflanzen die Besiedlung von Kahlschlägen oder Schotterböden einleiten, aber ebenso an Flußufern in Auen bzw. auf feucht-nassen Standorten gedeihen. – Die Zweige verschiedener Weiden werden für Flechtarbeiten verwendet. Die durch das regelmäßige Schneiden entstandenen knorrigen Kopfweiden prägten manche Tallandschaften und gaben Anlaß für viele Erzählungen. Wegen des Salizylgehaltes werden die Blätter zur Teebereitung verwendet. Kinder machen aus jungen Weidenzweigen, von denen sie die Rinde ablösen, Felberpfeiferln. – Weidenblätter sind oft von Gallen befallen, die auf den Blätter blasenähnliche Strukturen bilden. Auch die sogenannten Wirrzöpfe oder Donnerbesen an Weidensprossen gehen auf Gallmilben zurück. – Holz mit rötlichem Splint und hellrotem Kern, sehr weich, schon nach wenigen Jahren kernfaul. – Holzbau: Roßkastanien-Typ; die einzel-

nen Weiden-Arten lassen sich holzanatomisch nicht unterscheiden. Vom Pappelholz, das zum gleichen Bautyp gehört, ist es durch den Bau der Holzstrahlen verschieden: sie sind bei den Weiden aus zwei verschiedenen Zellsorten, aus stehenden und liegenden (vor allem im radialen Längsschnitt sichtbar), aufgebaut.
Die leichtwüchsigen und vor allem aus Stecklingen vermehrbaren Weiden eignen sich gut für Begrünungen von Böschungen, Halden und Hanganrissen. Für den Imker liefern die männlichen Weiden im zeitigen Frühjahr eine sehr gute Pollen- und Nektartracht, weshalb nach altem Imkerbrauch für jeden Bienenstock wenigstens eine Weide gepflanzt werden soll. – Weil die Weiden im Frühjahr auch als Ziersträucher – nicht nur zur Palmenweihe – übermäßig geplündert werden, genießen sie in den meisten Bundesländern einen teilweisen Schutz. Es darf nur eine bestimmte Anzahl entnommen werden; in der Steiermark ist der teilweise Schutz der Weiden für die Blütezeit zwischen 1. Februar und 30. April ausgesprochen. Gänzlich geschützt sind die **Spalierweiden** (in der Steiermark und in Kärnten). Eine Anzahl von Weiden wurde in die Rote Liste aufgenommen. So gelten **Ohr-**, **Reif-** und **Mandelweide** als regional gefährdet. **Ruch-**, **Seiden-** und **Hochtalweide** sind potentiell gefährdet (Gefährdungsstufe 4), die **Zweifarbige Weide**, **Blauweide** und **Lorbeerweide** sind stark gefährdet, die **Kriechweide** ist regional gefährdet, und die **Heidelbeerweide** ist vom Aussterben bedroht (Gefährdungsstufe 1). – Vollkommen geschützt ist die Blauweide in Vorarlberg, auch die **Myrtenweide** in der Steiermark und in Kärnten, und teilweisen Schutz genießen in Kärnten die Reif- und die **Salweide**.

Von den Weiden sollen nur einige Vertreter näher beschrieben werden:

Aschweide

Salix cinerea L.

Sperriger Strauch, selten baumartig, bis 6 m hoch. – Krone dicht verzweigt. – Rinde grau. – Zweige dick, samthaarig bis graufilzig. – Blätter elliptisch oder verkehrt-eiförmig, kurz zugespitzt, oberseits stumpfgrün oder aschgrau, kurzhaarig, unterseits graugrün, samtfilzig, mit vortretender Nervatur. Nebenblätter nierenförmig. – Blütezeit: März–April.
Pionier-Weidengebüsch an Ufern von Teichen und Seen, an Gräben, Quellsümpfen, auf Moorwiesen, auf staunassen Standorten; bis in 1500 m.
Verbreitung: Europa bis Westasien.

Bruchweide

Salix fragilis L.

Bis 15 m hoher und 1 m dicker Baum mit geradem oder krummschäftigem Stamm; Krone umfangreich; Rinde glatt graugelb, später hellgrün, längsrissig. – Junge Zweige brechen sehr leicht ab (daher der Name!).
Wächst nicht so rasch wie die Silberweide und ist oft als Bastard mit der Silber- und anderen Weiden anzutreffen. Verbreitet an Bächen und Ufern, an Gräben, auf feuchten und nassen Wiesen.
Verbreitung: Europa, Orient.

Großblättrige Weide

Salix appendiculata VILL. (S. grandifolia)

Baum oder Strauch bis 4–5 m Höhe. – Blätter 6–15 cm lang, mit stark ausgeprägten gesägten Nebenblättern; Kätzchen erscheinen mit den Blättern. – Blütezeit: April–Juni.
In hochmontanen und subalpinen Hochstaudengebüschen, in Lawinenbahnen, Schneerunsen und an Bächen; bis in 2300 m.
Verbreitung: Mitteleuropa, Apennin, Nordwestbalkan.

Großblättrige Weide

Bruchweide

Grauweide, Uferweide, Lavendelweide

Salix eleagnos SCOP. (= S. incana)

Als Strauch bis 6 m hoch oder als Baum bis 16 m hoch, mit besenförmiger Krone. – Blätter wechselständig, kurzgestielt, lineal-lanzettlich, flach gezähnt, Blattrand oft umgerollt, oberseits matt dunkelgrün, unterseits weißgrau-filzig, ohne Nebenblätter. – Kätzchen meist abwärts gekrümmt. – Blütezeit: April-Mai.
Auf meist kalkhaltigen Schotter- und Sandböden, Ufer- und Weidengebüsch auf Gebirgs-Alluvionen, Bodenfestiger und Pionierpflanze bis in 1300 m.
Verbreitung: Gebirge von Mittel- und Südeuropa, Kleinasien.

Lorbeerweide

Salix pentandra L.

Mittelgroßer Strauch, selten bis 15 m hoher Baum; Zweige dunkelrotbraun, kahl, glatt, glänzend; junge Triebe klebrig und balsamisch duftend. – Blätter wechselständig, gestielt, eiförmig elliptisch, kahl, kurz zugespitzt, drüsig-klebrig gesägt, oberseits stark glänzend tiefgrün, unterseits heller, ausgewachsen leder- bis lorbeerartig (daher der Name); Stiel vieldrüsig, meist auch statt der Nebenblätter drüsige Knötchen. – Kätzchen mit den Blättern erscheinend, goldgelb, männliche Kätzchen mit meist 5 Staubgefäßen. – Blütezeit: Mai–Juni.
Häufiger in den inneren Tälern der Alpen, auf Kies- und Torfböden, kalkmeidend, seltener in Auen- und Bruchwäldern bis in die subalpine Stufe. Oft kultiviert.
Verbreitung: Europa bis Kaukasus.

Lorbeerweide

Grauweide • Uferweide • Lavendelweide

Purpurweide

Salix purpurea L.

Strauch- bis baumartig, bis 10 m hoch. – Rinde glatt, grau, dünn. – Zweige lang, dünn, zäh, in der Jugend schön rot. – Blätter kahl, lanzettlich, größte Breite im oberen Drittel, zur Spitze hin fein gesägt, auch ganzrandig, oberseits stumpfgrün, unterseits hellbläulichgrün, mit gelblicher, beiderseits hervortretender Mittelrippe; meist ohne Nebenblätter. – Männliche Kätzchen zunächst grau, dann rot, während des Staubens gelb. Die männlichen Blüten haben scheinbar nur ein Staubgefäß, das jedoch aus zwei bis zur Spitze zusammengewachsenen gebildet ist; Blütezeit: März–Mai – Unterscheidungsmerkmal von allen anderen Weiden.
Pionierweide auf Schwemmböden, guter Bodenfestiger; auch in Auen und an Flußufern; von der Ebene bis in 1300 m; vor allem auf Kalk.
Verbreitung: Europa bis Nordafrika.

Salweide

Salix caprea L.

Strauch oder mittelgroßer Baum, der über 18 m hoch werden kann. – Rinde glatt, grünlich grau, feinrissig; Borke hellgrau, breit aufreißend. – Blätter breit-elliptisch mit kurzer, zurückgebogener Spitze, ganzrandig oder kerbig gesägt, oberseits kahl und runzelig, matt dunkelgrün, unterseits bläulich, graufilzig, mit vortretender Nervatur. – Nebenblätter nierenförmig, bald abfallend. Kätzchen („Palmkätzchen") vor dem Aufblühen dicht zottig, glänzend silberweiß; männliche Kätzchen dick, eiförmig, Staubbeutel goldgelb, angenehm nach Honig duftend, weibliche Kätzchen grün, zylindrisch. – Blüht im März bis Anfang Mai; nach der Reifweide am frühesten von allen Weiden. Vermehrt sich hauptsächlich durch Samen und schwer durch Stecklinge.
Lichtbedürftiger Pionierbaum auf Schlägen, an Waldrändern, auf Rohböden; erste wichtige Bienenweide (Pollen- und Nektartracht), oft mit der Hängebirke vergesellschaftet.
Verbreitung: Europa bis Nordostasien.

Weidengewächse • *Salicaceae*

Reifweide, Blutweide

Salix daphnoides VILL.

Schöner, bis 10 m hoher Baum mit geradem, schlankem Stamm; raschwüchsig. – Rinde glatt. – Bastschicht lebhaft zitronengelb. – Ältere Zweige auffallend blau bereift. – Blüht Mitte März bis Ende April, am frühesten von allen Weiden.
An Ufern von Flüssen und Gebirgsbächen; auf feuchten, sandiglehmigen Standorten. Beliebter Zierbaum.
Verbreitung: Europa bis Mittelasien und Himalaja.

Schwarzweide

Salix myrsinifolia SALISB. (= S. nigricans)

Bis etwa 4 m hoher Strauch, selten baumartig; Zweige schwarzbraun, dunkelrotbraun, gelbbraun oder grünlich, selten gelb, meist dicht flaumig behaart. – Blätter wechselständig, gestielt, fast kreisrund bis elliptisch, kurz zugespitzt, wellig gesägt, oberseits meist kahl, dunkelgrün und etwas glänzend mit eingesenkter Nervatur, unterseits graugrün, mit Ausnahme von Rand und Spitze bläulich bereift. – Nebenblätter groß, nierenförmig, gezähnt. Beim Verwelken und Trocknen werden die Blätter schwarz. – Kätzchen verhältnismäßig kurz; sie werden ebenfalls beim Trocknen schwarz. – Blütezeit: April–Mai.
Zerstreut an sumpfigen, quelligen Standorten, auf Kiesbänken im Grauerlenwald, von der Ebene bis in etwa 1400 m.
Verbreitung: Europa, Kleinasien, Westsibirien.

Silberweide

Salix alba L.

Baum, bis 24 m hoch, bis 100 Jahre alt und bis über 1 m stark; wegen ihrer Ausschlagsfähigkeit auch als Kopfweide genutzt. – Rinde weißgrau, im Alter längsrissige gelbgraue Borke. – Blätter lanzettlich, feingesägt, hell- bis dunkelgrün, in der Jugend beiderseits, später meist nur unterseits silbrig, seidenhaarig (daher der Name!); Stiel drüsig. – Knospen schraubig angeordnet, nur von einer Schuppe kapuzenartig umgeben, mit den Zweigenden seidig-filzig.
Raschwüchsiger Baum feuchter Standorte; bestandbildend an Ufern, in Auenwäldern auf periodisch überschwemmten Standorten. Zeiger guter Pappel-Standorte; von der Ebene bis über 800 m. Auch als Parkbaum kultiviert. Eine Abänderung der Silberweide ist die **Dotterweide** *(var. vitellina)* mit dottergelben oder gelbroten Zweigen. Davon gibt es eine Hängeform, eine Trauer- oder Hängeweide, die auf normalwüchsige Heister aufgepfropft wird.
Verbreitung: Europa, West- und Nordasien.

Silberweide

Schwarzweide

Wilde Weinrebe

Vitis vinifera L. subsp. sylvestris (C.C. GMEL.) HEGI

Bis 30 m hoch kletternde Liane mit tiefreichenden Wurzeln und holzigem, bis 1,5 m Umfang erreichendem Stamm mit faserförmig sich ablösender Borke. Junge Zweige kastanienbraun, feinfurchig, gestreift, mit sehr feinen, punktförmigen Rindenporen; in den Knoten meist durch Scheidewände gegliedertes Mark. – Blätter der männlichen Stöcke ziemlich tief eingeschnitten, buchtig, gelappt; Blätter der weiblichen Stöcke ungelappt oder wenigstens nicht tief gelappt; Sproßranken zum Festhalten der Zweige; Wildform meist zweihäusig zum Unterschied von den zwittrigen Blüten der Kulturrebe, in wenig blütigen Rispen angeordnet; Kelch fünfzählig, kurz, fünflappig, Kronblätter kapuzenförmig verwachsen, gelbgrün, wie der Kelch abfallend; Beeren länglich, blau, seltener weiß, meist mit drei kugelherzförmigen Samen; bei der Kulturrebe hingegen sind die Blüten zwittrig und reichblütig, die Beeren größer, meist mit zwei schlanken Samen.

Stammform der Kulturreben, jedoch stark in ihrem gesamten ursprünglichen Verbreitungsgebiet (Mittelmeergebiet) im Rückgang begriffen oder vom Aussterben bedroht; Liane der Hartholz-Auen (des Eichen-Ulmen-Auwalds), an Verlichtungen und Waldrändern. In Österreich nur in den Donau-Auen östlich von Wien und in den March-Auen. Nach der niederösterreichischen Naturschutzverordnung ist die Wilde Weinrebe in diesem Bundesland vollkommen geschützt. Nach der Roten Liste wird die Wildrebe als stark gefährdet (Gefährdungsstufe 2) eingestuft. Nach der Wiener Naturschutzverordnung ist die Wilde Weinrebe in Wien vollkommen geschützt. Von dieser Wilden Weinrebe stammen alle Kultursorten, zwischen 10.000 und 12.000 Sorten, ab, die heute bekannt sind und weltweit zur Weinbereitung dienen. – Holzbau: Flatterulmen-Typ.

Verbreitung: Mittelmeergebiet, Mittelfrankreich, Südwestschweiz, Oberrheinische Tiefebene, March und Donau östlich von Wien bis ins südliche Rußland, Kleinasien, Transkaukasien und ostwärts bis zum Hindukusch.

Wilde Weinrebe

15. Rückblick

Im vorliegenden Band werden nur die in Österreich von Natur aus wildwachsenden Bäume und wichtigsten Sträucher behandelt, und zwar insgesamt 12 Nadelhölzer (aus 3 Familien) und 93 Laubhölzer (aus 28 Familien).
Im einleitenden Teil wird auf die Bäume und Sträucher und ihre Bedeutung für den österreichischen Wald näher eingegangen, wobei sich ein Beitrag mit den Hecken in der Landschaft befaßt. Mehrere Übersichten, auf die auch in der Beschreibung der einzelnen Gehölze Bezug genommen wird, geben Auskunft über die Gefährdung und den Schutz der Bäume und Sträucher in Österreich, über ihre Bedeutung als Bienenweide und auch über ihre Giftigkeit.
Zur Beschreibung der einzelnen Bäume und Sträucher werden die wichtigsten Merkmale von Wurzel, Stamm (Sproß), Blatt, Blüte, Frucht und Same herangezogen. Angaben über die Standortansprüche und die Verbreitung, die Holzverwendung und den Holzbau sowie über häufige pflanzliche und tierische Schädlinge ergänzen die Ausführungen.
Das Buch soll das Interesse für die **einheimischen** Gehölze fördern und vertiefen und eine Informationsquelle für alle Naturfreunde und Naturschützer sein.

16. Dank

Mein besonderer Dank gilt der Firma Saubermacher, Graz, insbesondere Frau Margarethe Roth, die die Drucklegung dieses Buches ermöglicht hat. Herzlich danken möchte ich auch Herrn Dr. Klaus Weiß vom „styria medienservice", der die Publikation mit großem persönlichen Interesse und Verständnis betreut hat. Ebenso danke ich den Naturschutzbehörden der einzelnen Bundesländer, die mir bereitwilligst Unterlagen (Naturschutzgesetze und Naturschutzverordnungen) zur Verfügung gestellt haben.

Graz, am Feste Mariae Himmelfahrt 1992

Franz Wolkinger

17. Literaturverzeichnis

AMANN G. 1988. Bäume und Sträucher des Waldes. 15. Aufl., Neudamm – Neudamm.

AMANN G. 1990. Kerfe des Waldes. 10. Aufl., Augsburg.

BEIDERBECK R. & KOEVOET I. 1979. Pflanzengallen am Wegesrand. Stuttgart.

BERNER U. & MÜLLER H. 1979. Die Bienenweide. Mit einem Beitrag über die biologischen Grundlagen der Honigtracht. 3. Aufl., Stuttgart.

BRAUN H. J. 1970. Funktionelle Histologie der sekundären Sproßachse. I. Das Holz. In: Linsbauer K. u. al. Hdb. Pflanzenanatomie, 2. Aufl. 11. 1. , Berlin, Stuttgart.

BUTIN H. 1983. Krankheiten der Wald- und Parkbäume. Stuttgart, New York.

EHRENDORFER F. 1973 (Hg). Liste der Gefäßpflanzen Mitteleuropas. 2. Aufl., Stuttgart.

ERGEBNISSE aus der Waldschadenbeobachtung in Österreich. Bundesministerium für Land- und Forstwirtschaft. Referat für forstliche Öffentlichkeitsarbeit. Wien 1992.

HAFNER F. 1979. Steiermarks Wald in Geschichte und Gegenwart. Eine forstliche Monographie. Wien.

HEGI G. 1908–1931. Illustrierte Flora von Mitteleuropa. 1–7 (insgesamt 13 Bände) sowie neuere Auflagen. München, Wien.

JANCHEN E. 1956–1960. Catalogus florae Austriae. Ein systematisches Verzeichnis der auf österreichischem Gebiet festgestellten Pflanzenarten. 1–4, Wien.

KRÜSSMANN G. 1976. Handbuch der Laubgehölze. 2. Aufl. 1, A–D, Berlin, Hamburg.

KRÜSSMANN G. 1977. Handbuch der Laubgehölze. 1. Aufl. 2, E–Pro, Berlin, Hamburg.

KRÜSSMANN G. 1983. Handbuch der Nadelgehölze. 2. Aufl. 3, Pru–Z, Berlin, Hamburg.

LEIBUNDGUT H. 1983. Der Wald. Eine Lebensgemeinschaft. 3. Aufl., Frauenfeld, Stuttgart.

MAURIZIO A. & GRAFL I. 1980. Das Trachtpflanzenbuch. Nektar und Pollen – die wichtigsten Nahrungsquellen der Honigbiene. 2. Aufl., München.

MITCHELL A. 1979. Die Wald- und Parkbäume Europas. Ein Bestimmungsbuch für Dendrologen und Naturfreunde. 2. Aufl., Hamburg, München.

NIKLFELD H. 1986 (Hg). Rote Listen gefährdeter Pflanzen Österreichs. 1. Fassung. Grüne Reihe des Bundesministeriums für Gesundheit und Umweltschutz 5, Wien.

OBERDORFER E. 1983. Pflanzensoziologische Exkursionsflora. 5. Aufl., Stuttgart.

ÖSTERREICHS Land- und Forstwirtschaft. Ausgabe 1990. Bundesministerium für Land- und Forstwirtschaft.

ROTH L. 1984. (Hg). Giftpflanzen – Pflanzengifte. Vorkommen, Wirkung, Therapie. München.

SCHWEINGRUBER F. H. 1978. Mikroskopische Holzanatomie. Zürich.

WOHANKA E. & STÜRZENBACHER K. 1987 (Hg). Forstgesetz 1975 in der Fassung der Forstgesetz-Novelle 1987. Wien.

WOLKINGER F. 1989. Bedrohung, Pflege und Schutz von Baumbeständen in Stadt- und Siedlungsgebieten. In: WOLKINGER F., HUBER F., WÖLFL Ch. u. TAUSS F., Baumbuch. Wegweiser für den Menschen, S. 54–106. Graz.

18. Register

Fett gedruckt sind alle Bäume und Sträucher, die im Beschreibungsteil durch einen eigenen Abschnitt vertreten sind. Auf diese Artikel wird durch die fettgedruckten Seitenzahlen verwiesen.